21世纪高等院校艺术设计专业系列教材

现代POP
广告设计

张立杨 于讴 谭爽 编著

清华大学出版社
北京

内 容 简 介

本教材系统地讲解了现代 POP 广告设计的基本概念、功能分类、POP 广告的策划、POP 广告设计与创意、POP 广告的视觉元素与表现形式等,同时附有大量的国内外优秀的 POP 广告设计作品,把理论和实践相结合。每个章节都设有本章导航、学习目标等及课后小结、练习,环节紧凑,塑造一个完整的教学体系,使读者对现代 POP 广告设计的学习有一个系统、全面的认知。

参编本书的作者都是艺术院系设计教学中的一线教师和骨干,有着丰富的教学经验和严谨的治学态度。本书既可作为各类高等院校艺术设计专业的课程教材以及现代 POP 广告设计培训班教材,也可作为希望踏入 POP 设计行业人员的自学教材。

图书在版编目(CIP)数据

现代 POP 广告设计 / 张立杨,于讴,谭爽编著. —北京:清华大学出版社,2019(2024.12 重印)
(21 世纪高等院校艺术设计专业系列教材)
ISBN 978-7-302-53492-1

Ⅰ. ①现… Ⅱ. ①张… ②于… ③谭… Ⅲ. ①广告设计-高等学校-教材 Ⅳ. ① F713.81

中国版本图书馆 CIP 数据核字(2019)第 179550 号

责任编辑:邓　艳
封面设计:刘　超
版式设计:文森时代
责任校对:马军令
责任印制:丛怀宇

出版发行:清华大学出版社
　　　　网　　　址:https://www.tup.com.cn, https://www.wqxuetang.com
　　　　地　　　址:北京清华大学学研大厦 A 座　　　　　　邮　　编:100084
　　　　社 总 机:010-83470000　　　　　　　　　　　　邮　　购:010-62786544
　　　　投稿与读者服务:010-62776969, c-service@tup.tsinghua.edu.cn
　　　　质量反馈:010-62772015, zhiliang@tup.tsinghua.edu.cn
印 装 者:北京博海升彩色印刷有限公司
经　　销:全国新华书店
开　　本:185mm×260mm　　　　印　　张:8　　　　字　　数:199 千字
版　　次:2019 年 9 月第 1 版　　　　印　　次:2024 年 12 月第 7 次印刷
定　　价:59.80 元

产品编号:081592-01

前言
PREFACE

如果说广告是市场经济的先导产业，是新经济的先锋，那 POP 广告（Point of Purchase Advertising）可称得上是广告产业中的尖兵。有效的 POP 广告总是能促使计划性购买的顾客果断决策，随机购买的顾客实现即时即地的购买。借助市场调研和科学的判断、策划、设计、材料等手段，不拘泥于某一种技巧的掌握和某一种形式的媒介，伴随丰富多彩的营销活动、销售行为和品牌文化的塑造，现代 POP 广告设计在纷繁的市场经济中占有不可缺少的一席之地。

本书的编写以易于学生接受和理解，贴近业务实际，准确精练，深入浅出，突出实用性和可操作性原则，着眼点不再只是聚焦到手绘 POP 的绘制，更多地从策划、创意、表现等方面来综合地讲解商业元素与销售点广告的沟通方式。注重理论和实践的结合，重点放在概念、方法和结论的实际应用上，力图做到理论上清晰，技法上启发，操作上写实。结合国内外最新的精美的 POP 广告实例图片，对理论进行佐证，图文并茂。主要内容包括现代 POP 广告设计的基础、现代 POP 广告的功能与分类、现代 POP 广告设计的策划、现代 POP 广告的设计与创意、现代 POP 广告的视觉元素及表现形式和现代 POP 广告设计作品赏析。针对课程需要，每章前面设有"本章内容""本章导航""学习目标"，概述本章的主要学习内容和要求，提示教学重点；每章后面附有"本章小结"和"课题训练"，强化学生的分析和理解能力，实现从构想到实践、到设计应用的转变。

本书由张立杨、于讴、谭爽共同完成，第 2 章和第 5 章由张立杨编写，第 3 章和第 4 章由于讴编写，第 1 章和第 6 章由谭爽编写，在此对参与编写的作者和相关工作人员表示感谢。

POP 广告设计虽开设多年，但作为广告设计的一个重要组成部分，关注和研究的还不够，在一些具体的设计技术方面还需进一步研究和探索。本书在编写过程中参阅了很多专家、学者的研究成果、文献，在此表示衷心感谢。书中的案例图片均标有出处，大部分引自已出版书籍和开源网络图片。书中不足之处在所难免，恳请读者批评指正。

编 者

目 录
C O N T E N T S

第 1 章

现代POP广告设计的基础

本章内容

- 现代POP广告基本概述
- POP广告的起源
- 传统POP广告设计与现代POP广告设计
- 现代POP广告的发展趋势

本章导航

现代POP广告在商业活动中，往往不能引起重视，但是其灵活多变的表现形式和明确直观的视觉效果让POP广告得到消费者认可。认识并了解POP的起源及发展趋势，更好地理解POP广告是对商品最直接的宣传，是沟通消费者和商家不可缺少的纽带。

学习目标

- 理解现代POP广告的含义及范畴。
- 从起源中感受现代POP广告的演变。
- 分析传统POP广告设计与现代POP广告设计的区别。
- 掌握现代POP广告的发展态势及变化。

1.1 → 现代POP广告基本概述

现代 POP 广告是许多广告形式中的一种，英文全称为 Point of Purchase Advertising，从字面理解是"购买点""销售点"的意思，实际上是指购物点广告，也称之为销售点促销广告，即凡是在商业空间、购买场所、零售商店的周围、内部以及在商品陈设的地方所设置的广告物，都属于 POP 广告范畴，是相关环境内的广告形式的总称。如商店的牌匾、店面的装潢和橱窗，店外悬挂的充气广告、条幅，商店内部的装饰、陈设、招贴广告、服务指示，店内发放的广告刊物，进行的广告表演，以及广播、录像电子广告牌广告等，都是 POP 广告，如图 1-1～图 1-4 所示。

现代 POP 广告本身具有很高的广告价值，在商业促销活动范围中，POP 广告可以成为在购买场所和零售店内部设置的展销专柜以及在商品周围悬挂、摆放与陈设的可以促进商品销售的特有的广告自媒体。即 POP 广告本身就是一种广告媒介，能够借以实现广告主与广告对象之间信息传播的物质工具；同时也可称为是一种商业推销的技巧，包括新产品上市，某些商品的特别销售信息，如打折、降价及新产品的促销等，如图 1-5 和图 1-6 所示。

图 1-1 皮鞋卖场 POP 广告
（图片来源：商场拍摄）

图 1-2 户外 POP 广告
（图片来源：《日本 POP 广告设计精粹》151 页）

总的来说，现代 POP 广告都是以商品或品牌营销为中心的，通过视觉语言的设计、实施和管理等形成信息的有机分布，达成有效的商品传达，为商业策略和广告策划服务，唤起消费者的购买欲望，从而达到广告宣传的目的。

图 1-3 电器 POP 广告
（图片来源：商场拍摄）

图 1-4 麦当劳 POP 广告
（图片来源：商场拍摄）

图 1-5 商场促销 POP 广告
（图片来源：商场拍摄）

图 1-6 商场食品促销 POP 广告
（图片来源：商场拍摄）

　　从当今的社会现象和商业环境来看，现代 POP 广告设计已经成为现代商业活动中不可缺少的特色文化。它包含了多种广告形式和宣传形式，从整体看，无法用具体的媒介和视觉形式限定它，同时，也不能以时间和地点作为定义的唯一依据和标准。从媒介的角度说，POP 广告最突出的特点在于它是系列和组合的广告媒介，它的传达依靠一系列的视觉传达载体，而并非单一的某一种媒体。现代 POP 广告的媒介组合体系带给我们全方位的产品信息和视觉感受，形成全面和综合的印象，它的运用既是广告手段、信息媒介，也是重要的广告策略。样式别致、制作精良、与卖点相结合的 POP 广告，为销售场所营造强烈的销售气氛，吸引消费者的视线，促成消费者购买产品，从而拉动销售。所以现代 POP 广告设计也被称为"无声的售货员"和"最忠实的推销员"，如图 1-7 ～图 1-10 所示。

图 1-7　柜台式 POP 广告（一）

（图片来源：*Structural Displays S3* 65 页）

图 1-8　柜台式 POP 广告（二）

（图片来源：*Structural Displays S3* 43 页）

图 1-9　户外可口可乐 POP 广告（一）

（图片来源：街头拍摄）

图 1-10　户外可口可乐 POP 广告（二）

（图片来源：街头拍摄）

1.2 → POP广告的起源

　　第一次世界大战结束以后，全球经济经历了一段时间的低迷，美国零售业面临着经济衰退的局面，因此，产生了一种全新的商品零售模式——"自助购买"的超级市场。由于超级商场采用商品直接和顾客见面的销售方式，减少了售货员的数量，降低了成本的同时节约了商场空间。这不仅加速了商品流通的速度，而且缩减了商业成本，促进了商品经济的繁荣，但同时也遇到了一个尖锐的问题——如何利用广告宣传在狭窄的货架、柜台空间，在顾客浏览商品或犹豫不决时，恰当地说明商品内容、特征、优点、实惠性，甚至价格、产地、等级等，吸引顾客视线，触发顾客兴趣，并担当起售货员的角色，使顾客很快地经历瞩目、明白、心动而决定购买的购物心理过程。在这种形势下，POP 广告形式就应运而生。1939 年，美国 POP 广告协会正式成立，自此，POP 广告获得正式的地位。20 世纪 60 年代以后，超级市场这种自助式销售方式逐渐由美国扩展到世界各地，POP 广告也随之走向世界各地，20 世纪 80 年代传到我国，如图 1-11 和图 1-12 所示。

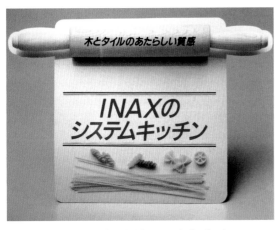

图 1-11　食品促销 POP 广告（一）
（图片来源：*THE BEST IN POINT-OF-SALE DESIGN* 89 页）

图 1-12　食品促销 POP 广告（二）
（图片来源：*THE BEST IN POINT-OF-SALE DESIGN* 76 页）

　　我国传统的 POP 广告设计，是伴随着各种繁荣的商业活动、促销方式产生的。中国传统的 POP 设计体现在商家的招幌上，这些招幌被称为"望子"，用来引起顾客的注意。如酒店悬挂在空中的招幌和招揽顾客的叫卖声、铁匠铺的镰刀锄头、中药店前的药葫芦等，都呈现出传统的经营文化特点。中国传统的商业活动主要体现在商铺行会和集市贸易方面，自宋代开始，商店的门面修饰也成为广告竞争的主要形式。从张择端的《清明上河图》中可以看出北宋汴梁城经济繁荣的景象，以及当时"广告"的发展与应用。在西方传统的 POP 广告设计中，日本饭菜馆的挂灯，欧洲一些国家作为书店标志的猫头鹰，理发店采用的转动的彩柱，咖啡店门前的咖啡壶等，都展现了不同形式的商业宣传作用。目前，一些小商贩还保持这种传统的经营方式，在现代企业经营活动中也需要学习和借鉴传统的促销广告形式，如图 1-13 和图 1-14 所示。

图 1-13 灯笼招幌 POP 广告

（图片来源：日本街头拍摄）

图 1-14 传统的招幌

（图片来源：《中国招幌》21 页）

随着 20 世纪 30～40 年代的美国销售市场中各种经济活动的高度发展，各式各样的 POP 广告形式不断涌现。POP 广告设计趋向于系统化，有力地促进了商品品牌的传播和商业活动的发展。现代 POP 广告设计能在恰当的购销空间里发挥其辅助媒体广告的效力，尤其是对那些通过报纸、杂志、电视、广播、网络五大媒体广告宣传之后的新商品，POP 广告设计可以弥补它们的不足，机动灵活地针对特殊对象进行宣传，加深消费者对新产品的认知和了解，从而产生购买行为，使广告传播效果锦上添花。国外一家市场调研机构曾在 5 个超级市场针对 360 种商品做了一个有关生动化 POP 广告的效果测定，研究结果表明：以生动化 POP 广告展示的商品在同期销售额上比没有 POP 广告设计的商品明显高出一截，最高达到 42.5%。商品销售额与 POP 广告密切相关，是因为 POP 广告能营造出良好的销售氛围，通过刺激消费者视觉、触觉、味觉、嗅觉和听觉，引起消费者购买冲动，商家如能有效地使用 POP 广告，会对消费者的购头行为产生极大的影响。所以现代 POP 广告是在商品销售环节中不可少的一环，如图 1-15～图 1-18 所示。

图 1-15 促销 POP 广告

（图片来源：*THE BEST IN POINT-OF-SALE DESIGN* 134 页）

图 1-16 电饭锅 POP 广告

（图片来源：商场拍摄）

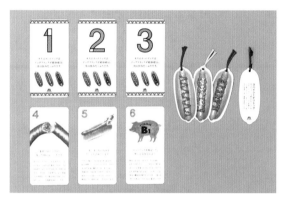

图 1-17　食品类悬挂 POP 广告（一）　　　　图 1-18　食品类悬挂 POP 广告（二）
（图片来源:《渡边良重》67 页）　　　　　　（图片来源:《渡边良重》68 页）

从整体商业环境上看，国内现代 POP 广告设计的发展水平与经济发达国家特别是日本及欧美相比，差距并不是很大，只是表现形式不够大胆新颖。国内相关艺术专业学院已经把 POP 广告设计、VI 识别系统设计、展示与成列设计等课程列为艺术设计专业核心课程。每天都有大量和各式各样的 POP 广告进入销售点，对国内现代 POP 广告的发展起到了极大的促进作用。

1.3　传统POP广告设计与现代POP广告设计

现代 POP 广告设计是传统与现代特色相结合的广告形式。传统 POP 广告设计是劳动人民生活和劳作的智慧结晶，利用最传统、最直白的表现形式来展示商品的属性。例如古代的"灯笼""旗帜""招牌""菜单""彩棒""条幅"等都是我国传统 POP 广告形式的雏形元素。传统 POP 设计在唐代商业飞速发展的时期开始被大规模使用，酒家和饭馆的招幌设计普遍是简单易懂的，发挥的作用也是最容易辨识的，带有传统 POP 广告的特征。传统 POP 广告设计无论是形式上还是材质上都具有单一性，如图 1-19 和图 1-20 所示。

图 1-19　驿站传统旗帜

（图片来源：https://www.huitu.com/photo
/show/20150116/201659657500.html）

图 1-20　食品类悬挂 POP 广告

（图片来源：《渡边良重》68 页）

　　现代 POP 广告设计是在二战之后，继四大传统媒体崛起之后的一种成本小、形式多元化的新型广告形式和商品宣传、促销手段。随着经济发展的步伐和商业环境的改变，现代 POP 广告设计具有直面客户、多变、成本低、形式多样、制作便捷等特点，不再是形式单一的传统模式。广告设计形式上打破传统的直观形式，加入审美和趣味性，能够吸引消费者的关注，提升商品的知名度。POP 广告设计也不再受场地的限制，不用单一地出现在酒馆和饭馆，可以出现在任何商业和公共场所。媒介上多种形式的系列 POP 广告载体同时使用，使现代 POP 广告设计成了商品营销的一种重要手段。同时随着科学技术的发展，现代 POP 广告设计也融入了新的材料、工艺、技术甚至科技，拉近了消费者与商品之间的距离，可以让消费者走进商品，感受产品，如图 1-21 和图 1-22 所示。

图 1-21　大众汽车巴士 POP 展示

（图片来源：http://www.16pic.com/pic/pic_6695365.html）

图 1-22　站台 POP 广告设计

（图片来源：《渡边良重》68 页）

现代POP广告的发展趋势

　　POP 广告是一种传统而又别具时代特色的小型综合广告形式。它在销售现场通过将自身独特的设计构思与其他视觉元素相结合，唤起消费者对商品的购买欲。在现代的商业活动中，这种灵活的广告形式越来越得到商家和消费者的认可。

现代 POP 广告设计的发展趋势呈现出以下三种趋势。

1. 设计系统化

在现今的商业活动中，企业希望品牌在消费者心中树立良好的形象和地位以及对产品的品牌产生认知效应。在设计时，要根据商品的生命周期和消费周期等进行系统化的策划。采用家族化式促销手段，多种媒体手段同时展开，融陈列展示与参与活动、动态与静态、局部与整体为一体，这样更吸引顾客，扩大影响，如图 1-23 和图 1-24 所示。

图 1-23　LAMY 品牌 POP 广告
（图片来源：商场拍摄）

图 1-24　运动品牌 POP 广告
（图片来源：*THE BEST IN POINT-OF-SALE DESIGN* 102 页）

2. 应用全面化

POP 广告是一种综合性的媒体形式，从内容上大致可分为室内媒体和室外媒体。运用不同的视觉媒介、听觉媒介以及新兴的媒介融合的新媒介，系统全面地展示某一商品想要表达的内容。媒介组合有助于广告的少投入多产出。制作精美不局限于手绘的 POP，在制作表现上能够结合新的材料，采用声光电等新的表现方式来吸引消费者驻足，如图 1-25 和图 1-26 所示。

图 1-25　矿泉水 POP 促销广告
（图片来源：商场拍摄）

图 1-26　餐具 POP 促销广告
（图片来源：《最新橱窗陈设》92 页）

3. 顾客参与化

让顾客参与演示、操作 POP 广告，进一步与商品或服务接触，以其趣味性和亲切宜人的和谐气氛刺激顾客的购买欲望，实现广告促销的目的，如图 1-27 和图 1-28 所示。

图 1-27　饮料促销岛广告　　　　　　　　图 1-28　商品包装类 POP 广告设计
（图片来源：https://huaban.com/pins/1720636253）　　（图片来源：https://www.sohu.com/a/319825259_100236837）

现代 POP 广告设计的主要作用是传递商品信息，提高消费者对商品的认知度增强企业之间的竞争力，最主要的目的是推动商品销售。好的 POP 广告设计还可以引导消费新方式、美化商业环境、繁荣文化产业、提高消费者的审美水平，其发展形势是多元化的。

本章小结

本章属于现代 POP 广告设计的基础理论部分，主要阐述现代 POP 广告设计的概念以及产生背景，比较了传统 POP 广告与现代 POP 广告设计不同及现代 POP 广告发展趋势等方面的相关知识。只有深刻理解 POP 广告设计的这些基本知识，才能灵活地运用广告设计中的各种元素设计出优秀的 POP 广告作品。

课题训练

1. 利用课余时间到商业卖场观察 POP 广告，并观察 POP 广告所起到的隐形作用。
2. 古为今用，寻找中国传统 POP 设计元素，并思考如何转化成现代设计元素。

第 2 章

现代POP广告的功能与分类

本章内容

- POP广告的功能
- 现代POP广告的特点及作用
- 现代POP广告设计的原则
- 现代POP广告的分类

本章导航

　　各个企业对自身的信誉形象越来越重视，而POP广告能够大大提升商品的品牌价值。现代POP广告能够吸引消费者的注意，增强商品的认知度，并促使消费者尽快做出决定，对商品的功能性了解越来越明确。在此功能指导下，看似繁杂的POP分类也就很好理解了，无论种类有多少，最终都是以实现商业动机和品牌表现力为目的。

学习目标

- 全面分析POP广告的功能便于更好地应用。
- 了解现代POP广告设计的原则。
- 重点掌握现代POP广告的分类。

2.1 → POP广告的功能

POP 广告在零售业中运用的范围比较广，相对成本也比较低，所以适合各种销售场所的促销活动，同时，对于企业来说具有提高企业形象和品牌形象的作用。POP 作为一门综合的视觉传达系统，伴随着商业形态的整个成长过程。无论是商品上市的初期，还是商品成熟的中期，以及商业销售的后期，现代 POP 广告都发挥了积极的作用。具体在传达信息方面，它强调了信息秩序和空间整合的重要性，在销售过程中，现代 POP 广告的功能包括以下几个方面。

1. 告知功能

大部分的 POP 广告都属于对新产品或新功能的告知型广告。当新产品出售时，配合其他大众宣传媒体，在销售场所使用 POP 广告进行促销活动，诉求新产品的性能、价格，使消费者认知产品并记住品牌特性。同时告知消费者产品的使用方法等，以达到吸引消费者视线、刺激其购买欲望的目的。其内容包括新产品的发布、上市等，地点多集中在商场或超级市场等商品销售密集的场所。新产品告知功能可以在最短时间内吸引消费者的视线、刺激消费者购买，如图 2-1 和图 2-2 所示。

图 2-1 告知类 POP 促销广告（一）　　　　　图 2-2 告知类 POP 促销广告（二）
（图片来源：街头拍摄）　　　　　　　　　　　（图片来源：商场拍摄）

2. 充当新型销售员

POP 广告有"无声的售货员"和"最忠实的推销员"的美名。这来源于它能忠实和准确地描述商品，告知消费者商品信息。现今的售卖环境多是自主选择的购买方式，当消费者面对诸多商品而无从下手时，摆放在商品周围的一则出众的 POP 广告，能忠实地、不断地向消费者提供商品信息，起到吸引消费者、促成其购买的作用。例如，价格卖点、降价、让利、产地介绍等，最终形成购买力。同时，POP 广告充当销售员不带有主观情绪，可以客观地评价商品的基本信息，传达了商品销售的突出优势。其效果往往比真实的推销员还要值得信赖，如图 2-3 和图 2-4 所示。

图 2-3 防水功能手表 POP 广告   图 2-4 有奖促销 POP 广告
(图片来源：商场拍摄)   (图片来源：商场拍摄)

3. 促使最终购买

在数以万计的商品广告中，消费者经常通过电视、广播、网络广告或者传单等手段对某种商品感兴趣。为了配合不同媒体的宣传效果，促使消费者决定购物意向，付诸购买行动，必须抓住顾客的关心点和兴奋点，唤起消费者购买的潜在意识。通过在现场展示设计、空间的布局和信息层次的秩序等，在环境中以最恰当的视觉表现方式促进消费者愉快地识别、记忆或回忆，主动参与和互动，促成购买行为。其实，前面的诱导工作是促使顾客最终购买的基础，顾客的购买决定是经过了一个心理过程的，只要做足了过程中的促销宣传工作，结果也就自然产生了购买行为，如图 2-5 和图 2-6 所示。

图 2-5 食品 POP 促销广告   图 2-6 相机 POP 广告
(图片来源：《日本 POP 广告设计精粹》29 页)   (图片来源：*World's Best Creative P.O.P. Displays* 35 页)

4. 营造销售气氛

现代 POP 广告设计具有的连续性会形成较强的空间覆盖力。在大量的视觉形象和有序的空间编排中，突出醒目的造型和和谐的色彩，利用强烈的色彩、美丽的图案、突出的造型、幽默的动作、准确而生动的广告语言以及新兴多媒体语言，可以创造强烈的销售气氛，吸引消费者的视线，使其产生购买冲动，如图 2-7 ～图 2-10 所示。

图 2-7　FILA 店内 POP 广告（一）

（图片来源：https://www.mengzhuboke.com/jyfx/664.html）

图 2-8　FILA 店内 POP 广告（二）　　图 2-9　FILA 店内 POP 广告（三）　　图 2-10　FILA 店内 POP 广告（四）

（图片来源：https://www.qufair.com/　　（图片来源：https://www.qufair.com/　　（图片来源：https://www.qufair.com/
news/2016/04/20/2562.shtml）　　news/2016/04/20/2562.shtml）　　news/2016/04/20/2562.shtml）

5. 塑造企业品牌形象

现代 POP 广告同其他广告一样，在销售环境中可以树立和提升企业以及品牌形象，进而起到保持与消费者的良好关系的作用。POP 广告是企业与品牌识别中的一项重要内容。零售企业可将产品的标识、标准字、标准色、企业形象图案、宣传标语、口号等制成各种形式的 POP 广告，以塑造富有特色的企业与品牌形象，从而促成品牌偏好，产生消费者对品牌产生忠诚度，如图 2-11 和图 2-12 所示。

图 2-11　可口可乐 POP 广告（一）

（图片来源：《日本 POP 广告设计精粹》67 页）

图 2-12　可口可乐 POP 广告（二）

（图片来源：*World's Best Creative P.O.P. Displays* 55 页）

6. 突出差异特征

在同类商品中，企业为了强调与其他产品的差异特征，采用 POP 广告形式，突出商品的优势与卖点，让消费者驻足，提高印象，从而达到营销的目的，如图 2-13 和图 2-14 所示。

图 2-13　斯沃琪手表 POP 广告

（图片来源：*World's Best Creative P.O.P. Displays* 87 页）

图 2-14　香水 POP 广告

（图片来源：*World's Best Creative P.O.P. Displays* 101 页）

2.2 →现代 POP广告的特点及作用

现代 POP 广告是以付费的方式通过一定的媒介向一定的人传达一定的信息，以期达到一定目的的信息传播活动。POP 广告与各种媒介的特点相比较，虽然不像其他类型的广告那样需要其他媒介传播，但其所处的独特空间、位置以及近距离伴随商品的特点，加上它及时、灵活的调整能力，POP 广告的有效性便独具一格。除此之外，POP 广告是所有广告媒介中类型最丰富的一种，样式不断发展、更新、完善，充满活力和魅力，同时，作为其他广告的延伸，POP 广告将商品或服务的宣传深入到了流通的末端，如图 2-15 所示。

现代 POP 广告更有着其他媒体不能企及的优势。60% 进入商店的人会改变初衷，吸引注意，煽动性语言能激发热情，从而诱发购买欲望，促成品牌偏好，直接推销商品。在时间、空间的形式上更有着其他媒体不能企及的优势。POP 广告除了能制造出轻松愉快的销售气氛，使消费者事先了解产品特性产生购买冲动外，最重要的就是能够诱惑消费者进行消费，提高终端的销售额。所以，POP 广告具有以下三个方面的作用。

1. 诱你进店

随着人们消费水平的不断提高，消费者可任意支配的收入大幅度增加，导致购买行为的随意性增强。据美国 POP 广告协会统计：消费者中的 19% 是事前决定要什么而走进商店的，而其余的 81% 则是受到 POP 广告的影响而购买的。日本某学院教授青木幸弘进一步指出，在占 76.1% 的非事先计划购买中，在商场内随机想起购物的占 27.6%，因价格便宜而购买的占 18.3%，由营业员推荐购买的占 8.5%，纯粹冲动型购买的占 15.3%，由此不难看出，POP 广告对消费者购买行为发挥了很大作用，如图 2-16 所示。

图 2-15　户外餐厅 POP 广告
（图片来源：街头拍摄）

图 2-16　餐厅 POP 广告
（图片来源：商场拍摄）

因此，利用置于店头的 POP 广告，如看板、站立广告牌、实物大样本等，极力展示产品的自我特色和产品个性，成功诱惑消费者进店，是促成消费者购买的关键一环，如图 2-17 和图 2-18 所示。

图 2-17　餐厅 POP 广告
（图片来源：商场拍摄）

图 2-18　麦当劳 POP 广告
（图片来源：街头拍摄）

2. 纽带作用

在促成消费者购买的第二个环节，就是让 POP 广告产生使顾客驻足详看的意愿。比如在销售终端中，一些具有冲击力和煽动性的 POP 广告就会让消费者不由自主地停下来。这样，在抓住顾客兴趣点的同时，再加上销售员的现场操作、免费赠送、试用样品等都来进行配合工作，就可以充分诱导消费者的购买行为，如图 2-19 和图 2-20 所示。

图 2-19　商场户外 POP 广告
（图片来源：*Point Of Purchase* 82 页）

图 2-20　饰品 POP 广告
（图片来源：*World's Best Creative P.O.P. Displays* 127 页）

3. 刺激最终购买

激发顾客最终购买是现代 POP 广告设计的核心功效，也是它的最后冲击力量。这时就要利用有效的 POP 广告，针对顾客的关心点进行诉求与解答，达到无专人介绍产品都可产生 10 倍销售力量的效果，达到最终购买的目的，如图 2-21 ～图 2-23 所示。

图 2-21　target 品牌促销 POP 广告（一）
（图片来源：*Point Of Purchase* 123 页）

图 2-22　target 品牌促销 POP 广告（二）
（图片来源：*Point Of Purchase* 123 页）

图 2-23　target 品牌促销 POP 广告（三）
（图片来源：*Point Of Purchase* 123 页）

此外，POP 广告的成本相对比较低，根据美国学者对 POP 广告成本的统计，每千人成本不足 50 美分，从而也就使 POP 广告的作用更加突出了。

2.3 → 现代POP设计的原则

由于现代 POP 广告具有很高的经济价值，所以把它列在广告范畴里。国家工商行政管理局广告司和人事教育司所编写的《现代广告专业基础知识》一书为广告做了如下定义：广告是以付费的方式通过一定的媒介向一定的人传达一定的信息，以期达到一定的目的的有责任的信息传播活动。而现代 POP 广告具有大范围的传播力和影响力，其样式在应用和发展过程中不断完善、不断更新、不断丰富，充满了新鲜的活力和魅力。也就是说，作为其他广告的延伸，POP 广告对于任何经营形式的商业场所，都具有招揽顾客、促销商品的作用。现代 POP 广告将商品或服务的宣传深入到了流通的末端。同时，对于企业又具有提高商品形象和企业形象的作用。正因为 POP 广告执行的有效性，所以现代 POP 广告的产生也必然有着两条相应的途径，这对于 POP 广告的设计者来说，是极其重要的。

途径一：当 POP 广告仅仅是用来促进销售时，这一途径的广告，多数是由商品经营者来完成。具体地说，是由商场的营业员或美工来操作完成，一般都较为粗糙，不太讲究质量，从而形成了一大类所谓手绘 POP 广告的形式。如大家在商店里常常都会看到的大减价招牌等，如图 2-24和图 2-25 所示。

图 2-24　商场手绘 POP 广告（一）

（图片来源：https://www.zcool.com.cn/work/ZMTExMTE2OA==.html?）

图 2-25　商场手绘 POP 广告（二）

（图片来源：https://www.photophoto.cn/sucai/27319831.html）

途径二：如果当 POP 广告上升到一种对产品及企业形象的宣传，并由此来促进销售时，POP广告的设计与制作就成了一件极严肃认真的工作，这一类型的广告由企业自己来完成。其具体方法可以是由企业自己的广告部及专业设计人员来设计完成，或委托专业的广告公司来代理完成。所以，这类广告的质量一般都相当精美，对商品及企业本身也具有相当的针对性，且大批量的生产并投入与产品销售有关的所有环节进行大范围、大规模促销活动。本书主要涉及的内容将以第二种途径产生的 POP 广告为主。当然，由经销商进行的 POP 广告也有做得较严肃而精美的，特别是一些由商店设计的长期使用的 POP 广告，如橱窗式的 POP 广告、门招式的 POP 广告等，也是专业设计人员应该考虑的范围。一般对于这些要求高的广告，经销商会委托广告公司或装饰公司设计制作，如图 2-26～图 2-29 所示。

图 2-26　diesel 品牌 POP 广告

（图片来源：*World's Best Creative P.O.P. Displays* 67 页）

图 2-27　工具陈列 POP 广告

（图片来源：*World's Best Creative P.O.P. Displays* 90 页）

图 2-28　饮料包装式 POP 广告

（图片来源：*Point Of Purchase* 46 页）

图 2-29　洁具促销 POP 广告

（图片来源：*Structural Displays S3* 87 页）

作为销售重要促销手段的 POP 广告，重视其信息传达的准确性、逻辑性和艺术性原则是 POP 广告成功的前提，如图 2-30 和图 2-31 所示。

图 2-30　手表促销 POP 广告

（图片来源：*World's Best Creative P.O.P. Displays* 67 页）

图 2-31　耐克促销 POP 广告

（图片来源：*World's Best Creative P.O.P. Displays* 107 页）

现代 POP 广告设计满足以下五点原则。

1. 准确性原则

广告是围绕着产品促销进行的，这就必须十分准确地把握终端市场的消费特征：日用性、便利性；准确地把握产品的特征：实用、廉价；准确地把握消费者的消费特征：顾客的类型、收入水平、对产品售价的反应等。

2. 逻辑性原则

POP 广告是以视觉来传达企业的促销意图和信息的，因此要逻辑地建立 POP 广告的视觉形象秩序，要杜绝视觉形象的过多和过滥，这就要建立终端货价、装饰手段与产品之间的秩序关系，要做到井然有序、装饰与渲染有度。

3. 艺术性原则

POP 广告要达到的效果是促进销售，因此在广告形式和宣传手段上必须"唯实"，而不能"唯美"，即不能不顾广告效果的实际，而片面去追求广告形式的纯美艺术表现。

4. 传播性原则

POP 广告的功能传播过程是与消费者的购买过程相联系的，传播过程在消费者购买过程中发挥着作用。

5. 强调现场效果原则

应根据卖场经营商品的特色，如经营档次、零售店的知名度、各种服务状况以及顾客的心理特征与购买习惯，力求设计出最能打动消费者的广告。

POP 广告只是促销广告的一种方式，在遵循以上原则的同时，应该注意注入一些人性化的元素增进与消费者之间的亲切感，从而产生购买欲望。此外，还要注意 POP 广告可能给消费者带来的心理感受，扫除终端消费与识别的障碍，做到不仅抓住了顾客的眼球，还抓住了顾客的心灵，如图 2-32 ～图 2-35 所示。

图 2-32　节日促销 POP 广告
（图片来源：《日本 POP 广告设计精粹》97 页）

图 2-33　眼镜陈列 POP 广告
（图片来源：《日本 POP 广告设计精粹》46 页）

图 2-34　服装柜台式 POP 广告
（图片来源：*World's Best Creative P.O.P. Displays* 39 页）

图 2-35　商场户外促销 POP 广告
（图片来源：街头拍摄）

2.4 → 现代POP广告的分类

在实际运用时，现代 POP 广告设计可以根据不同的标准进行分类。可以按使用周期进行分类；也可以按展示形态和材料的不同分类；按促销的手段分类；按传播媒介的不同进行分类。不同类型的 POP 广告，其功能也不尽相同。

2.4.1　按使用周期来进行分类

现代 POP 广告设计在使用过程中的时间性及周期性很强。按照不同的使用周期，可把 POP 广告分为三大类型，即长期 POP 广告、中期 POP 广告和短期 POP 广告。

1．长期 POP 广告

长期 POP 广告是指使用周期在一年以上的 POP 广告类型，包括门招牌 POP 广告、柜台及货架 POP 广告、企业形象 POP 广告等。它还包括一定场所和环境下的固定和持久的 POP 广告设施。因为长期 POP 广告在时间因素上的限制，所以其设计必须做到设计精美和坚固耐用，同时促进长期 POP 广告中形式的多样化，如图 2-36 所示。

图 2-36　商场悬挂式 POP 广告
（图片来源：*Point Of Purchase* 72 页）

2. 中期 POP 广告

中期 POP 广告是指使用周期为一个季度左右的 POP 广告类型，包括季节性和较长期的广告项目或计划中涉及的一些 POP 广告，如橱窗展示类产品。因使用时间上的限制以及橱窗在使用周期内随着商品更换的限制等因素，中期 POP 广告的设计与投资，可以参照长期 POP 广告的设计做适当地调整。

3. 短期 POP 广告

短期 POP 广告是指使用周期在一个季度以内的 POP 广告。如柜台展示 POP 广告展示卡、展示架以及商店的大减价、大甩卖招牌等。由于这类广告的存在都是随着商店某类商品的存在而存在的，只要商品一卖完，该商品的广告也就无存在的价值了，特别是有些商品因为进货的数量以及销售的情况（可能在一周甚至一天或几小时就可售完），相应的广告的周期也可能极其短暂。因此，短期 POP 广告的视觉传达以低投入的及时传达为主要任务，根据使用中的实际情况兼顾其他的方面。就设计本身而言，尽可能做到形式多样化和视觉表达出众，如图 2-37 和图 2-38 所示。

图 2-37　短期促销 POP 广告
（图片来源：《日本 POP 广告设计精粹》98 页）

图 2-38　短期促销 POP 广告
（图片来源：商场拍摄）

2.4.2　按展示形态分类

除 POP 广告使用时间的特殊性外，其另一个特点表现在陈列空间和陈列方式上。不同位置和不同方式，会对 POP 广告设计产生很大的影响。秩序化、综合性的广告组合形式组成了一个有机的体系，并广泛地应用和分布在我们生活的空间中，达到促销的目的。

1. 柜台展示类 POP 广告

柜台式 POP 广告设计是在店堂内柜台上摆放的产品广告和销售信息。摆放在柜台上的 POP 广告是一种近距离传递商品信息的方式。柜台式 POP 广告多采用硬纸或其他板材做支撑脚架，通过切割、折送、锁扣、黏合处理，使之形成一定造型并具有与之所陈列商品相关的图形或文字来进行展示。由于广告体与其所展示商品的关系不同，柜台展示 POP 广告又可分为展示卡和展示架两种，高度约 20cm ～ 50cm，如图 2-39 ～图 2-42 所示。

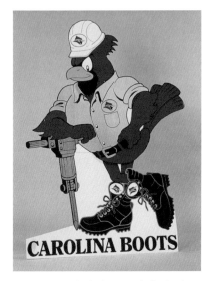

图 2-39　柜台式 POP 广告（一）

（图片来源：*World's Best Creative P.O.P. Displays* 79 页）

图 2-40　柜台式 POP 广告（二）

（图片来源：*Structural Displays S3* 26 页）

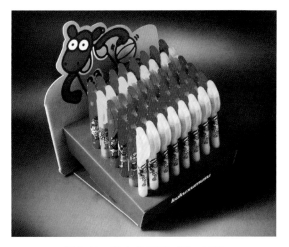

图 2-41　柜台式 POP 广告（三）

（图片来源：*Structural Displays S3* 47 页）

图 2-42　柜台式 POP 广告（四）

（图片来源：*Structural Displays S3* 58 页）

（1）展示卡

展示卡可摆放在柜台上或商品旁，也可以直接放在大一些的商品上。展示卡的功能以标明商品的价格、产地、等级等为主，同时也可以简单说明商品的性能、特点、功能等，文字的数量不宜太多，以简短的三五个字概括为宜，色彩鲜明，如图 2-43 和图 2-44 所示。

（2）展示架

它与展示卡的区别在于：展示架上必须陈列少量的商品，但陈列商品的目的不在于展示商品本身，而在于以商品来直接说明广告的内容，陈列的商品相当于展示卡上的图形要素。值得注意的是，展示架因为是放在柜台上，放商品的目的在于说明，所以展架上放的商品一般都是体积比较小的商品，而且数量较少。适合展示架展示的商品有珠宝首饰、药品、手表、钢笔等，如图 2-45 和图 2-46 所示。

图 2-43　展示卡式 POP 广告（一）
（图片来源：商场拍摄）

图 2-44　展示卡式 POP 广告（二）
（图片来源：商场拍摄）

图 2-45　展示架 POP 广告（一）
（图片来源：*Point Of Purchase* 66 页）

图 2-46　展示架 POP 广告（二）
（图片来源：*Point Of Purchase* 19 页）

（3）注意事项

柜台展示类 POP 广告必须注意以下几点。

① 必须以简练、单纯、视觉效果强烈为根本要求。

② 必须注意展示平面的图形与色彩，文字与广告画面内容的结合。

③ 为了区别于一般意义上的价目卡片，应以立体造型为主，价格表示为辅。

④ 立体造型在能支撑展示面或商品的同时，应充分考虑与广告内容的有效结合。

2. 吊挂（悬垂）式 POP 广告

吊挂（悬垂）式 POP 广告是对商场或商店上部空间及梁架悬挂的一种有效的广告类型，吊挂式 POP 广告利用空间的上部作为视觉展示空间来传递信息。悬垂的应用形式根据空间的大小随机应变。小空间则相对应用小型的形式，细致、精确和完整地形成上层空间的信息秩序。大空间则强化视觉力度，造型上体积庞大，形态更讲求醒目和明确，目的在于更远距离的传播信息，如气球、吊旗、装饰品等。制作材料可以用各种厚纸、金属、塑料板材等，可以从单面、双面或者多面观看。吊挂 POP 广告是使用最多、效率最高的 POP 广告形式。包括吊旗式、吊挂物，如图 2-47～图 2-49 所示。

吊挂式 POP 广告突出空间的深度和宽度的表现力。在设计时，对空间的分析决定了设计和实施的成败。应考虑：空间的深度和人的视觉活动存在的内在联系；空间的深度和宽度层次的规律安排。

3. 地面立式 POP 广告

地面立式 POP 广告是置于商场地面上的完全以广告宣传为目的的纯粹的广告体。商场外的空间地面、商场门口、通往商场的主要街道等也可以作为地面立式 POP 广告所陈列的场地。与柜台式 POP 广告相比，柜台式 POP 广告的主要功能是陈列商品，地面 POP 广告是完全以广告宣传为目的的纯粹的广告体。为了让地面立式 POP 广告有效地达到广告传达的目的，要求地面立式 POP 广告的体积和高度有一定的规模，一般要求符合人体工程学的角度，在 0.8m ～ 2.0m 以上。地面立式 POP 广告多以人物形象为主，代替真人承担各种动态造型，如欢迎的姿势或使用商品的效果等。另外，地面立式 POP 广告由于其体积庞大，一般都为立体造型。因此，在考虑立体造型时，必须从支撑和视觉传达的不同角度来考虑，才能使地面立式 POP 广告

图 2-47　悬挂式 POP 广告（一）
（图片来源：商场拍摄）

图 2-48　悬挂式 POP 广告（二）
（图片来源：《日本 POP 广告设计精粹》101 页）

图 2-49　悬挂式 POP 广告（三）
（图片来源：*World's Best Creative P.O.P. Displays* 45 页）

既稳定又具有广告效应，如电子显示屏、海报板、告示牌等，如图 2-50 ～图 2-53 所示。

图 2-50　地面立地式 POP 广告（一）

（图片来源：商场拍摄）

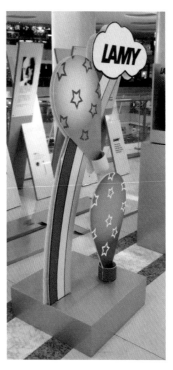

图 2-51　地面立地式 POP 广告（二）

（图片来源：商场拍摄）

图 2-52　地面立地式 POP 广告（三）

（图片来源：商场拍摄）

图 2-53　地面立地式 POP 广告（四）

（图片来源：商场拍摄）

4. 包装式 POP 广告

包装式 POP 广告是一种广告式商品销售包装，多陈列于商品销售点，是有效的现场广告手段。一般是利用商品包装盒的外部异形结构进行特定结构形式的视觉传达设计。通过巧妙的设计，让包装通过开启、折叠或重新组合等手段来展示、宣传商品，兼做陈列使用。这种 POP 广告设计方法对商品的衬托作用很明显，而造型灵活生动，如图 2-54 ～图 2-57 所示。

图 2-54　耳机包装式 POP 广告

（图片来源:《包装与设计》总 157 期 74 页）

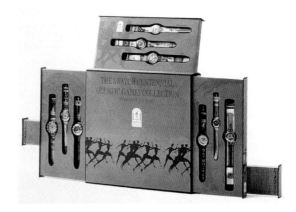

图 2-55　包装式 POP 广告（一）

（图片来源: *World's Best Creative P.O.P. Displays* 103 页）

图 2-56　包装式 POP 广告（二）　　　　图 2-57　包装式 POP 广告（三）

（图片来源: *World's Best Creative P.O.P. Displays* 115 页）　　（图片来源:《包装与设计》总 142 期 56 页）

5. 橱窗或陈列展示 POP 广告

橱窗或陈列展示 POP 广告指利用店堂内部空间或橱窗设置的展示架或立体形态进行展示，是商业和文化结合的集中体现，具有装饰性较强的艺术性，包括动态和静态两种形式，如图 2-58 和图 2-59 所示。

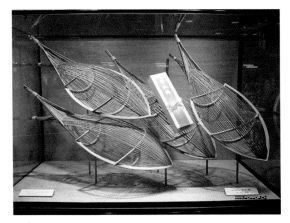

图 2-58　橱窗 POP 广告（一）　　　　　　　图 2-59　橱窗 POP 广告（二）
（图片来源：《最新橱窗设计》93 页）　　　　　（图片来源：《最新橱窗设计》109 页）

6. 光电式 POP 广告

光电式 POP 广告形式是新技术支持下的新型广告形式，一般放置在店面、店门口、橱窗内，多在夜间用于装饰背景墙。这种 POP 广告形式可将图形、文字、色彩予以光电衬托下的流动变化，视觉效果强烈、营造时尚气氛，如光纤、电脑字幕、霓虹灯、电视墙以及多媒体、激光影像光源等，如图 2-60 和图 2-61 所示。

图 2-60　光电 POP 广告（一）　　　　　　　图 2-61　光电 POP 广告（二）
（图片来源：《日本 POP 广告设计精粹》76 页）　（图片来源：《日本 POP 广告设计精粹》80 页）

7. 动态式 POP 广告

动态式 POP 广告一般置于商店内部较醒目的地方，通过活动的物体和影像能很快吸引人们的视线。动态式 POP 广告造型借用马达等机械设备或自然风力进行动态展示，特别能刺激消费者的视觉反应。也有用自然风力产生动态变化的造型，类似传统风车造型的样式，充满乐趣和新奇感，具有沟通、吸引功效，如图 2-62 ～图 2-64 所示。

8. 互动式 POP 广告

互动式 POP 广告以独特的创意、噱头、策划一些销售现场的广告活动或特别的表演节目，由顾客直接参与如品尝商品、参加演出，使用某种商品兼带游戏趣味的 POP 广告，能使广告巧妙地与推销活动相结合。

图 2-62　动态式 POP 广告（一）
（图片来源：《日本 POP 广告设计精粹》134 页）

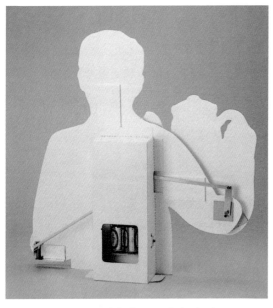

图 2-63　动态式 POP 广告（二）
（图片来源：《日本 POP 广告设计精粹》134 页）

图 2-64　动态式 POP 广告（三）
（图片来源：《日本 POP 广告设计精粹》156 页）

2.4.3　按促销的手段分类

对应顾客的购物习惯及生理需求，可将促销的手段细分为以下几种。

1. 吸引顾客进店型 POP 广告设计

在店面外张贴品牌故事、新品到货、季末清仓等吸引顾客的 POP 广告设计，在心理上给目标顾客方便进入的感觉。通过招牌、条幅、横幅等宣传手段配合，可有效提升购买力。

2. 引导型 POP 广告设计

经常看到顾客进店后驻足、迷路、找不到想要购买商品的情景，这对商品的销售是很不利的。当顾客进入店面时，没有相应引导会淡化顾客购买心态，以顾客的视线为准，在店面天花板、墙壁、地面等布局显要位置设置商品分类、收银台、休息区、电梯口、安全出口、吸烟处、洗手间等各种不同类型的引导型 POP 广告设计，让顾客亲身体会其便利性，对商业环境经营至关重要，因为——帮助顾客就是帮助我们。

3. 新品型 POP 广告设计

新品推广能力往往代表一个店面可持续发展潜力的高低，新品优先陈列。POP 广告设计要书写厂家、商品名称、Logo、价格与 CI（企业识别系统）一致，卖点突出，文字简洁。POP 广告设计整体效果醒目舒适，意图明确，会显著提升单价与销售总额。

4. 卖点型 POP 广告设计

客流高峰期，销售人员即便"接一待二照顾三"也无法满足顾客的所有服务需求，对每个卖点提炼，进行 POP 广告设计展示，可适当缓解销售压力，如 POP 广告内容为"本周销量排行第一款"。客流低谷期，卖点 POP 广告内容对销售成交量的提升也有推波助澜的作用。

5. 推荐型 POP 广告设计

库存过大、销售不畅、仅余尾单可以用推荐 POP 广告设计的方式解决部分问题。如库存过大，POP 广告可以标明"经理推荐"字样；销售不畅情况适时调整陈列位，POP 广告标明顾客利益点；仅余单情况 POP 广告中可以标明"备受欢迎，限购一件"字样，激发顾客购买欲望。

6. 价格带 POP 广告设计

顾客消费层次可以用价格带进行分隔。根据每个系列平均价格，可以判断出该系列对应目标顾客，并进行高中低群体分类，如低端顾客适应"超值精选，价格 ＊＊＊ 元"的 POP 广告，以此吸引购买，盘活资金；针对中档顾客的"988 元买全 3 件套"的 POP 广告设计，直接帮助顾客进行有效购买预算，加快了货品流速。

7. 买赠型 POP 广告设计

针对中档消费层次的顾客，商家可利用高档产品买赠推广提升其消费级别，如"满 ＊＊＊ 元，赠时尚表一块，市值 358 元"的 POP 广告设计。

8. 处理品型 POP 广告设计

针对想买而买不起的顾客，在正柜以外相应独立区选择促销区域悬挂如"断色断码，12 元起价"POP 广告设计，再配合促销人员，广播等工具，会对抛售有极佳帮助。

9. 售罄／替代品型 POP 广告设计

我们希望顾客能够买到合适的产品，但一些畅销商品断档或停产会影响商家收益。此时，在断档商品陈列位设计"售罄，5 日内到货"，对我们用各种营销资源所努力请到的顾客来讲，会是一个相应的补偿。

10. 其他 POP 广告设计

伴随顾客需求变化，POP 广告使用会更加系统、规范，其使用方式会更加细化，如道歉 POP 广告、答疑 POP 广告等，当销售产品质量、价格、服务出现事故时，引起部分顾客质疑，如果用 POP 广告进行真诚致歉有利于迅速化解危机。当顾客对某些产品使用、保养等问题较为集中时，及时用 POP 广告设计为顾客解惑答疑、实情告之，方便你我他。因为真实比营造出来的诚信更可贵，对顾客诚实赢得的是更高的忠诚，如图 2-65 ～图 2-70 所示。

图 2-65　新品型 POP 广告

（图片来源：*Structural Displays S3* 66 页）

图 2-66　推荐型 POP 广告

（图片来源：*World's Best Creative P.O.P. Displays* 46 页）

图 2-67　卖点型 POP 广告

（图片来源：*World's Best Creative P.O.P. Displays* 69 页）

图 2-68　买赠型 POP 广告

（图片来源：商场拍摄）

图 2-69　引导型 POP 广告（一）

（图片来源：商场拍摄）

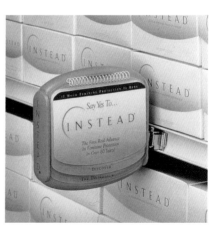

图 2-70　引导型 POP 广告（二）

（图片来源：商场拍摄）

现代 POP 广告设计种类虽繁杂，但运用之妙存乎于心。标准化适时应用，随机调整对企业形象、货品流速、顾客忠诚会发挥潜移默化、举足轻重的作用。同时，务必清楚，POP 广告并非多多益善，应适可而止。尽量将企业标识与 POP 广告综合应用，在实际操作中，不断寻求最有效的方法，以凸显品牌与经营效力，如图 2-71 和图 2-72 所示。

图 2-71　麒麟啤酒 POP 促销广告　　　　　　　图 2-72　手表促销 POP 广告
（图片来源：《渡边良重》53 页）　　　　　　　　　　（图片来源：商场拍摄）

本章小结

本章主要学习现代 POP 广告设计的功能和作用，并对其进行详细讲解。同时结合大量图例，为第 3 章如何制定完整的现代 POP 广告设计策略做了铺垫。

课题训练

1. 现代 POP 广告设计的种类、分类有哪些？结合实际，分别对应 POP 广告的分类特点进行案例分析。

2. 在实际卖场中，利用一定时间，集中一个品牌分析其 POP 广告的分布情况。

第 3 章

现代POP广告设计的策划

本章内容

- 现代POP广告的市场调查与分析
- 现代POP广告策划的意义
- 现代POP广告策划的流程
- 现代POP广告的设计整合

本章导航

任何POP广告都不是随意推出的，必须经过一个周密的策划过程，这样才能达到最佳的广告效果。明确现代POP广告设计的目标、有针对性的市场调查和分析、对POP广告效果的测定并整合是对商品信息准确、直接的传达最有效的途径。

学习目标

- 了解现代POP广告设计策划的方法和程序
- 优秀的POP广告必须依靠前期的市场调查和分析
- 梳理设计前的设计策划思维便于现代POP广告设计更好地执行

　　广告策划是对广告的整体战略与策略的运筹规划。现代 POP 广告设计策划就是对广告决策的提出、实施、检验全过程做预先的考虑与设想。现代 POP 广告策划不是具体的广告业务，而是广告设计决策的形成过程。任何 POP 广告都不是随意设计出来的，必须经过一个周密的策划过程，这样才能达到最佳的广告效果，如图 3-1 ～图 3-4 所示。

图 3-1　迪士尼 POP 广告
（图片来源：*Point Of Purchase* 82 页）

图 3-2　利维斯 POP 广告
（图片来源：商场拍摄）

图 3-3　食品 POP 广告
（图片来源：*THE BEST IN POINT-OF-SALE DESIGN* 56 页）

图 3-4　手表防水 POP 广告
（图片来源：商场拍摄）

3.1 → 现代POP广告的市场调查与分析

在发布 POP 广告之前，需要有的放矢，了解 POP 广告发布的缘由。一般新产品发售时，会使用大量的 POP 广告设计；因季节性销售的销售计划在制定前需要前期策划 POP 广告设计的相关信息和广告形式；扩大商品销售时，也要做相应的 POP 广告；为现场促销或者演艺活动烘托气氛而制作的 POP 广告等，最终目标是提升销售业绩，形成良好的品牌形象。在设计制作前，要明确目的性，进而做周详的市场调查与分析，如图 3-5 ～图 3-8 所示。

图 3-5　饮料促销 POP 广告
（图片来源：商场拍摄）

图 3-6　节日气氛 POP 广告
（图片来源：商场拍摄）

图 3-7　产品来源 POP 广告
（图片来源：商场拍摄）

图 3-8　食品促销 POP 广告
（图片来源：商场拍摄）

　　所谓现代 POP 广告市场调查是用科学的方法、客观的态度，以市场和市场营销中各种问题为调查研究的对象，有效地收集和分析相关信息，从而为明确事实和制定各项营销策略提供基础性信息和资料的方法。调查分析是设计的第一步，即全面地了解有关商品的信息，进行深入仔细的调查研究，对调查的内容归类分析，调查研究工作越深入、越仔细，对今后的设计越有帮助，同时，调查的结果也是一切设计的依据。

1．调查对象

　　调查对象主要包括生产商、批发商、零售商、广告环境、消费者、潜在消费者和同行竞争者。

2．调查方法

　　调查方法有很多种，如观察法、询问法、数据表格统计法、实地调查法、个案调查法、抽样调查法、全面调查法、典型调查法、实验调查法、问卷法等。调查者把所要的信息资料收集全面并进行认真、仔细的分析，合理推理，做到有的放矢。

3．调查内容

　　市场背景（市场占有率、销售渠道、销售地区、产品的生命周期）、竞争对手、时代背景、消费者反馈（消费者心理分析）、品牌认知、设置环境（经济环境、政治环境、文化环境、自然环境）和企业形象。

　　调查报告的撰写是十分必要的，能更好地制定有效的 POP 广告策略。调研报告包括报告题目、目录、摘要、正文和附录，如图 3-9 ～图 3-12 所示。

图 3-9　饮料促销 POP 广告
（图片来源：*Point Of Purchase* 81 页）

图 3-10　可口可乐促销 POP 广告
（图片来源：*Point Of Purchase* 75 页）

图 3-11　儿童服装 POP 广告（一）

（图片来源：*World's Best Creative P.O.P. Displays* 92 页）

图 3-12　儿童服装 POP 广告（二）

（图片来源：*World's Best Creative P.O.P. Displays* 92 页）

3.2 → 现代POP广告策划的意义

　　现代 POP 广告的策划应该归属于广告策划大的范畴中，其策划是动态的、可多方面协调的、必须具有执行力的、可循环的、系统的整体规划过程，必须是经过前期详细的调查、相关因素的周密配合之后，具有可执行性的循环的系统活动，如图 3-13 ～图 3-16 所示。

图 3-13　服装品牌户外 POP 广告

（图片来源：街头拍摄）

图 3-14　服装橱窗 POP 广告

（图片来源：日本街头拍摄）

图 3-15　节日促销 POP 广告
（图片来源：商场拍摄）

图 3-16　酒品促销 POP 广告
（图片来源：*Point Of Purchase* 104 页）

现代 POP 广告设计策划包括一系列的具体内容：广告环境分析、确立广告目标、明确广告目标、确定广告主题、明确广告创意、确定广告表现形式、确定广告预算、决定广告媒介运用、决定广告的实施策略、效果检验。POP 广告设计策划是整个广告活动的核心和灵魂，对广告行为具有指导性和决定性的作用。要想开展任何成功的广告推广活动，都需要预先精心策划，使广告能"准确、独特、及时、有效、经济"地传播信息，以刺激需求，引导消费，促进销售，开拓市场。

在实际市场活动中，POP 广告策划部分很多时候被省略掉，这种做法是错误的。现代 POP 广告设计的策划有效地加强了策略思考的部分，它为广告主量身定做，提供的是为特定品牌达成特定目标而制订的特定方案。通过这种预先的策划行为，可以避免广告单一和乏味。以往由于缺乏对广告策划的重视，一个广告往往没有经过周详的策划便投放市场，并且自发地形成一种固定模式，缺少新元素，无法把产品的特性驻留在消费者心中，因此收益甚微。现代 POP 广告设计的策划使得整个广告行为的过程有了依据和执行的步骤，其中的每一个阶段都是按广告人本身的意思去运作，在出现问题时可以及时采取相对应的措施，如图 3-17 ～图 3-24 所示。

图 3-17　优衣库广告策划（一）
（图片来源：https://www.163.com/dy/article/
DA4HHU070518DE04.html）

图 3-18　优衣库广告策划（二）
（图片来源：https://ishare.ifeng.com/c/s/7rC2FnkkvwV）

图 3-19　优衣库广告策划（三）
（图片来源：https://www.zcool.com.cn/article/ZNDczNzA4.html?）

图 3-20　优衣库广告策划（四）
（图片来源：优衣库官网）

图 3-21　优衣库广告策划（五）
（图片来源：http://www.linkshop.com/news/2015325739.shtml）

图 3-22　优衣库广告策划（六）
（图片来源：https://web.2008php.com/tu/93576.html）

图 3-23　优衣库广告策划（七）
（图片来源：http://news.winshang.com/html/054/3743.html）

另外，POP 广告策划能整合运用各种广告工具的效果，取代了过去分散凌乱的作业方式，开始注重在一个核心战略的统筹之下，有步骤地展开广告活动的各个阶段和环节，加强了广告运动全程的监控。过去广告的行为通常是分开的，没有统一的指挥运作，制作方和商家缺乏应有的沟通，在宣传期间各个阶段没有一个特定的预期目标，只是简单地

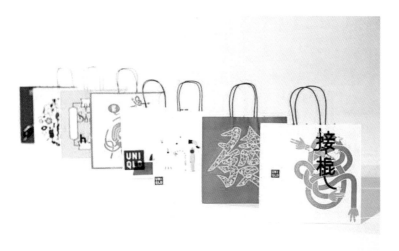

图 3-24　日本优衣库 POP 广告策划（八）
（图片来源：https://huaban.com/pins/66839737）

通过市场反响来作为广告成效的指标，更没有相对应的战略决策，而现代 POP 广告策划中就讲究市场调查，广告的实施、监控反馈及调整，广告实施的阶段性目标、产品的生命周期等。POP 广告策划能有效地把上述各项统筹安排，通过思维活动去推测和预想各种可行方案，实现效率利益最优化。同时，POP 广告策划重要的一点就是对于 POP 广告制作部分能有效地分派任务，使工序清晰明确，利于专业人员的执行。

总之，现代 POP 广告设计策划是一个必不可少的重要组成部分，是 POP 广告活动的核心和关键。在现代生产条件和市场竞争条件下，企业如何推出新产品开拓市场赢得顾客青睐，已成为 POP 广告策划的重要课题，并对企业的生存和发展发挥着极为关键的作用。同时，POP 广告策划又是超前性思维和创造性思维发挥作用的成果之一，有其自身的规律性，必须遵循一定的原则，简单来说包括系统性原则、有效性原则、针对性原则、调适性原则、可行性原则、指导性原则、团队性原则以及法律道德性原则，如图 3-25 ～图 3-34 所示。

图 3-25　日本麒麟饮料 POP 广告策划（一）
（图片来源：《伊藤可士和》87 页）

图 3-26　日本麒麟饮料 POP 广告策划（二）
（图片来源：《伊藤可士和》87 页）

图 3-27　日本麒麟饮料 POP 广告策划（三）

（图片来源：《伊藤可士和》87 页）

图 3-28　日本麒麟饮料 POP 广告策划（四）

（图片来源：《伊藤可士和》87 页）

图 3-29　Hello Kitty POP 广告策划（一）

（图片来源：《伊藤可士和》103 页）

图 3-30　Hello Kitty POP 广告策划（二）

（图片来源：《伊藤可士和》103 页）

图 3-31　Hello Kitty POP 广告策划（三）

（图片来源：《伊藤可士和》103 页）

图 3-32　Hello Kitty POP 广告策划（四）

（图片来源：《伊藤可士和》103 页）

图 3-33　Hello Kitty POP 广告策划（五）

（图片来源：《伊藤可士和》103 页）

图 3-34　Hello Kitty POP 广告策划（六）

（图片来源：《伊藤可士和》103 页）

3.3 → 现代POP广告策划的流程

　　策划在本质上是一种运用脑力的理性行为，基本上所有的策划都是关于未来的事物，也就是说，策划是针对未来要发生的事情做当前的决策。换言之，策划是找出事物的因果关系，衡量未来可采取的途径。作为目前决策的依据，即策划是预先决定做什么、何时做、如何做、谁来做。具体地讲，是在充分把握现实市场的前提下，有效地运用广告活动，强化促进商品和服务的预期市场。POP 广告与其他的广告策划一样，在市场调查的基础上，制订出一个与市场、产品、消费者相适应的经济有效的广告计划方案。完善的现代 POP 广告系统设计方案是总体的空间布局、营销策略、视觉表现力、视觉传达的层次及个体的视觉表现几个方面的综合，如图 3-35 ～图 3-40 所示。

图 3-35　皮鞋 POP 广告

（图片来源：商场拍摄）

图 3-36　化妆品 POP 广告

（图片来源：商场拍摄）

图 3-37　眼镜 POP 广告

（图片来源：*World's Best Creative P.O.P. Displays* 58 页）

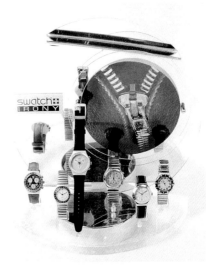

图 3-38　手表 POP 广告

（图片来源：*World's Best Creative P.O.P. Displays* 92 页）

图 3-39　工具 POP 广告

（图片来源：*World's Best Creative P.O.P. Displays* 65 页）

图 3-40　diesel 品牌 POP 广告

（图片来源：*THE BEST IN POINT-OF-SALE DESIGN* 78 页）

1. 确定现代 POP 广告设计策略

　　任何策划都具有目的性，都是为了实现特定的目标。目标主导原则在策划活动中表现得十分突出。人类活动形式的丰富性决定了活动的目标是一个复杂的系统，所以我们在选择目标、制定目标和为实现目标而采取行动时，就常常会遇到复杂问题。策划活动也面对着复杂的目标系统，需要根据具体情况做具体的分类和考虑，例如，策划活动有总目标、具体目标，有近期目标、中期目标、远期目标，有策划的经济发展目标、文化发展目标、政治发展目标等。在市场经济时代，对利益的追求在目标系统中尤为突出，经济目标的实现或经济效益的获得在现代 POP 广告设计策略制定阶段显得十分重要。

20 世纪中期出现的"4P 理论"提出了 product（产品）、price（价格）、place（渠道）、promotion（促销）的营销策略。现代 POP 广告设计是拉近产品和顾客之间的距离、获得顾客信任并影响购买行为的最有效、直观的广告手段。在整个环节的终端，营销效果的好坏，取决于现代 POP 广告设计视觉系统的运用。销售策略是否合适，只有在销售中才能得到证实。POP 广告是站在最前沿最直接地传递商品信息，能够和顾客面对面地进行交流，增加商品的说服力和表现力，帮助商品有出色的表现，能被更多人接受。

现代 POP 广告设计尽管是视觉传达系统，但在商业信息的传递上，它仍是以消费者为对象的设计和实施系统。所以就要了解"4C 理论"，即 customer（顾客）、cost（成本）、convenience（便利）、communication（沟通），顾客就成为营销环节的核心。具体来说，顾客主要指顾客的需求。商品生产企业了解和研究顾客，分析顾客的需求，根据顾客的需求来提供产品；成本是指企业生产成本和顾客的购买成本；便利是指为顾客尽可能地提供购买商品和使用商品便利，在商品销售、使用的整个过程里，让消费者感受到便利，而不是考虑企业自己的方便；沟通取代了 4P 中对应的促销，提高了市场营销的认识水平，不再显得急功近利，在与消费者的沟通中实现各自的利益和目标，如图 3-41 ～图 3-44 所示。

图 3-41　酒类 POP 广告
（图片来源：*Structural Displays S3* 46 页）

图 3-42　红酒 POP 广告
（图片来源：*Structural Displays S2* 69 页）

图 3-43　开关 POP 广告（一）
（图片来源：*Structural Displays S1* 37 页）

图 3-44　开关 POP 广告（二）
（图片来源：*Structural Displays S1* 37 页）

POP 广告系统的沟通观念不同于独立的 POP 广告，在宣传商品的同时，注重沟通交流。设计的目的不仅是销售商品，更重要的是通过设计与消费者建立联系，形成长期、有效的交流，如图 3-45 ～图 3-48 所示。

图 3-45　皮带 POP 广告

（图片来源：*World's Best Creative P.O.P. Displays* 64 页）

图 3-46　皮鞋 POP 广告

（图片来源：*World's Best Creative P.O.P. Displays* 59 页）

图 3-47　服装品牌 POP 广告

（图片来源：*World's Best Creative P.O.P. Displays* 59 页）

图 3-48　手表 POP 广告

（图片来源：*Structural Displays S1* 38 页）

2．明确 POP 广告的设计主题

POP 广告的主题是建立在广告概念上的，设定广告概念选择最合适的广告主题是 POP 广告创作的关键，再依据概念设计出视觉形象与文字的综合体现，选择不同的形态以此表达其广告的诉求。常见的主题有产品的质量定位、功能定位、价格定位、历史悠久定位、造型定位、企业形象定位、消费对象定位等，如图 3-49 ～图 3-52 所示。

图 3-49　原子笔 POP 广告（一）
（图片来源：*Structural Displays S3* 63 页）

图 3-50　原子笔 POP 广告（二）
（图片来源：*Structural Displays S3* 63 页）

图 3-51　电池 POP 广告
（图片来源：*World's Best Creative P.O.P. Displays* 96 页）

图 3-52　体育用具 POP 广告
（图片来源：*Point Of Purchase* 62 页）

广告主题有如以下几个方面。

（1）季节性销售的广告主题。

（2）引导消费的广告主题。

（3）强调产品品质的广告主题。

（4）强调亲情的广告主题。

（5）方便购买的广告主题。

（6）销售角度独特的广告主题。

3．POP 广告设计预算经费

　　整个 POP 广告设计活动的费用包括前期调查、策划费用、中期设计费用、材料费、后期制作和安装费用等。

4. POP 广告设计的发布时间

根据 POP 广告策划的整体安排来实施，注意季节和节日性，如节日商品、时令性产品通常要提前 1 ～ 4 周在市场上出现。无时间限制的，可根据商品投放市场的情况配合 POP 广告设计，如图 3-53 和图 3-54 所示。

图 3-53　时令产品促销 POP 广告
（图片来源：商场拍摄）

图 3-54　节日商品 POP 广告
（图片来源：《日本 POP 广告设计精粹》124 页）

5. POP 广告设计的效果测评

广告的效果是潜在的、无形的、长期的和多元的，现代 POP 广告设计同样具有这些特点。可从销售量是否增加、市场占有率是否提高、商品的知名度是否提高等方面了解现代 POP 广告设计所产生的广告效果并进行测评。

3.4 → 现代POP广告的设计整合

现代 POP 广告设计系统是整合的系统，有良好的延展性。

广告是一种传播活动，是通过媒介向受众传播商品信息等的有偿交流活动。传播活动最基本的框架是传播者通过一定的方式，把信息传给接受者。传播活动的基本构成是：传播者—信息—接受者。现代 POP 广告的职能就是传达商品信息或服务信息，促进商品销售、提高企业的市场竞争力。广告在传达商品和服务信息的过程中，促进企业与消费者的沟通与交流，影响顾客的消费行为，从而实现企业的市场价值，同时也通过受众把广告反映的态度反馈给企业，成为企业开发和改良产品、组织新的营销活动，成为品牌定位等的重要依据。现代 POP 广告设计是积极地整合信息秩序、视觉手段和空间环境，以建立共识、共享的沟通和交流为目的的视觉传达体系。

现代 POP 广告系统从视觉传达效果来看，单一的视觉样式完成的视觉传达很难达到理想的视觉效果，也很难实现全面的信息传递与沟通。不同视觉形式的造型、材料、体积等方面存在着差异，单独依靠一种视觉形式的传播很有可能会影响接受程度，综合地使用视觉手段形成视觉传达的整合，效果才是明显的，传播范围和传播效果才能最大化。

现代 POP 广告的设计视觉整合，要求设计者必须在设计活动中把摆在面前的各种视觉要素进行整合，在要素之间建立良好的组合关系，让它们发挥综合的传达作用。不仅依靠设计中的图形、色彩和编排等关系的处理，而且还要把平面造型、立体造型、空间和人的行为等因素考虑进去，综合地使用视觉手段，形成视觉传达的整合，效果才能明显，传播范围和传播效果才能最大化。现代 POP 广告设计要求合理地运用视觉传达和设计资源的方法，减少孤立的视觉表现，增强系统性的传达，避免凌乱、无序。POP 广告设计本身就兼顾平面、立体等多种视觉传达方式，所以最大限度地将视觉的表现力和传达功能结合在一起，形成互补，才能完成商品推广和传播的功效，如图 3-55～图 3-60 所示。

图 3-55　服装 POP 广告
（图片来源：*World's Best Creative P.O.P. Displays* 75 页）

图 3-56　牛仔裤 POP 广告
（图片来源：*THE BEST IN POINT-OF-SALE DESIGN* 84 页）

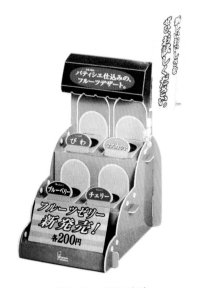

图 3-57　POP 广告
（图片来源：*THE BEST IN POINT-OF-SALE DESIGN* 84 页）

图 3-58　酒品 POP 广告（一）
（图片来源：*Structural Displays S3* 39 页）

图 3-59　酒品 POP 广告（二）
（图片来源：*Structural Displays S2* 47 页）

图 3-60　酒品 POP 广告（三）
（图片来源：*Structural Displays S2* 47 页）

本章小结

本章内容主要介绍了现代 POP 广告设计策划的定义和内容及其方法和程序，内容十分丰富，涵盖广告活动各个方面。将广告策划知识有效地运用在 POP 广告设计中，从整体上进行布局，注意各部分内容的协调与统一，使各部分内容形成一个有机整体。

课题训练

1. 简述现代 POP 广告设计的工作程序与环节。

2. 市场调查分析有何重要性？

3. 结合实际，选定一个品牌，为其进行 POP 广告的主题策划，并写出策划书，明确设计主题与制定适合的 POP 广告设计的种类。

第 4 章

现代POP广告的设计与创意

本章内容

- 现代POP广告设计思维与思维方法训练
- 现代POP广告的创意与方法
- 现代POP广告设计的原则
- 现代POP广告的设计基本步骤

本章导航

    通过本章对现代POP广告设计和创意的讲解，根据广告主题的需要，创造出引人入胜地、准确清晰地传递符合消费者心理的设计作品。好的创意能打动消费者，更好地在实际商业中有计划、有目的地促成销售。设计和创意是衡量现代POP广告设计是否具有竞争力的重要因素。

学习目标

- 学习理解现代POP广告设计思维和方法，更好地衔接市场。
- 了解现代POP广告的设计原则。
- 从方法和创意中了解现代POP广告设计的独特性。
- 学习现代POP广告设计的基本流程。

　　创意是指一切带有创造性的、与众不同的认知和想法，泛指一切拥有创造性、标新立异的、不因循守旧的思维观念，它是现实广告策划中商品主题视觉化的"点子"。现代 POP 广告设计的创意是通过销售点广告进行视觉传播的，它的创作过程是创造性思维活动与销售策略密切合作的过程。广告大师大卫·奥各威说过，"好的点子"就是创意。要吸引消费者的注意力，同时要他们来买你的产品，非要有好的点子不可。现代 POP 广告设计的创意活动是将所要表达的意图或者观念转换成某种视觉样式，或者是说把设计者的思想通过一定的表现形式转换成一种用眼睛可以看懂的形象，如图 4-1 ～图 4-6 所示。

图 4-1　礼品 POP 广告
（图片来源：《包装与设计》总 153 期 76 页）

图 4-2　食品商场吊卡
（图片来源：https://www.sj33.cn/article/bzzp/201010/25333.html）

图 4-3　口香糖 POP 广告
（图片来源：《艺术与设计》）

图 4-4　食品 POP 广告（一）
（图片来源：《日本 POP 广告设计精粹》61 页）

图 4-5　食品 POP 广告（二）

（图片来源：*Structural Displays S3* 44 页）

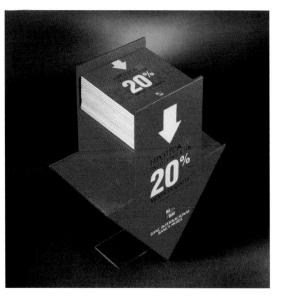

图 4-6　书籍 POP 广告

（图片来源：*Structural Displays S2* 60 页）

4.1 → 现代POP广告设计思维与思维方法训练

1. 现代 POP 广告的设计思维

设计思维也称为思维模式或思维方式，从字面上考察，思维中的"思"可理解为"思考"或"想"；"维"可理解为"方向"或"序"。因此，思维就是沿着一定方向的思考，也就是有一定顺序的想。这种对于思维概念原义上的理解，至少对于创造行为而言是很有意义的。设计创造力需要通过不同的思维训练和技能训练得以提高，设计思维能力可以当作技能进行训练，也是培养学生创造力的最好途径。现代 POP 广告设计的创意并非天马行空，自由发挥，必须依据拟定的设计策略来构想，创意设计就是将商品或促销事件的主张转换成最合适的沟通信息和有特色的视觉想象来达到促销的目的，使消费者对商品产生兴趣、认知，从而采取购买行动。设计师必须提高和加强各种潜在的意识，不断观察、记忆、阅读，必须将记忆和印象存储在潜在的头脑中，在设计时再唤起记忆加以运用。可以从以下几个方面入手考虑创意，如图 4-7 和图 4-8 所示。

- 针对商品功能的特点。
- 针对消费者的生活形态或地点、场合。
- 针对促销带给消费者的"心理感受"或"价值观"，作为设计的出发点。
- 针对竞争区域，找出市场空隙作为设计的切入点。

创意过程需要对掌握的信息、设计元素进行一连串的重组，从一个崭新的角度出发，跳出理智、逻辑、直线的思考，重新组合，在同中求异，在异中求同，改变基于已重新排序的旧有事物即旧元素，重新组合。

创意的构思阶段，思维的过程是一个环环相扣、步步深入的过程，集中地体现了思维活动中高度的归纳、整理、概括的能力。在生活中，人们细致地观察、敏锐地捕捉到的东西，还要通过思维，从一个环节到另一个环节，不断地进行取舍、提炼，才能把握事物的全貌，找出其精华所在。通常需要运用发散、逆向和联想的思维方法，每种思维形式都有自己的特点和规律，各自形成一个完整的思维体系，同时又相互影响、相互作用，如图4-9和图4-10所示。

图 4-7　酒品 POP 广告

（图片来源：*Structural Displays S3* 23 页）

图 4-8　饰品 POP 广告

（图片来源：*Structural Displays S3* 21 页）

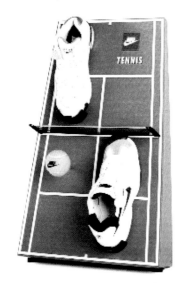

图 4-9　运动鞋 POP 广告（一）

（图片来源：*World's Best Creative P.O.P. Displays* 57 页）

图 4-10　运动鞋 POP 广告（二）

（图片来源：《日本 POP 广告设计精粹》70 页）

下面介绍几种常用的思维方式。

（1）发散思维

发散思维也称多向思维，是根据确定或限定的某种因素进行多个方向的思考，发散思维不受现有知识范围和传统观念的束缚，它采取开放活跃的方式，从不同的思考方向衍生新设想。发散思维是从设计思维的主要成分设想出不同构思方案的思维方式，它主要用于设计构思的初级阶段，是展开思路、发挥想象，引发尽可能多的方案、设想的有效手段。现代 POP 广告设计的发散思维主要在于寻找切入点和调整切入方向。从目标市场信息、流行因素、市场材料、相关信息、用途功能等方面入手，然后结合不同方向去构想各种可能性，如肌理花纹、企业形象、底座结构、视觉表象等，运用发散思维，强调思维的灵活性、多角度性和多层次性，为现代 POP 广告设计的创作提供广阔的思维空间。

（2）逆向思维

逆向思维，是人们打破常规思维方式而进行的逆向思考，通过改变思路，用与原来的想法相对立或表面上看起来似乎不可能解决问题的办法获取意想不到的结果的一种思维形式。现代 POP 广告设计中逆向思维可以使人们敢于对 POP 广告设计巧妙大胆地提出假设，在 POP 广告造型、组织结构、部件形态、工艺技术、材料使用、色彩组合、使用方式等方面从全新的角度进行大胆的尝试，经过推敲琢磨确定设计方案，设计出意想不到的视觉效果。

（3）联想思维

联想思维，是将已掌握的知识信息与思维对象联系起来，根据两者之间的相关性生成新的创造性构想的一种思维形式。从认识论的意义上说，联想可以激活人的思维，加深对具体事物的认识；从设计创造的意义上说，联想是比喻、比拟、暗示等设计手法的基础；从设计接受、欣赏和评价的意义上说，它能够引起丰富联想的设计容易使接受者感到亲切并形成好感。

这些思维方式的产生源于对生活的体验和感悟，从自然界中、日常生活中、不同艺术门类中汲取经验和灵感，通过对不同事物形态的转变、结构的分解与组合、外形的还原与发展等萌生创意。

2．现代 POP 广告设计思维方法训练

在设计思维的过程中，充分利用形象思维、抽象思维、灵感思维、超前思维等多种思维形式，并将各种思维形式的视角相互转化是非常重要的，也是自觉运用艺术设计创作手段，掌握艺术设计规律，激发设计思维快速、有效活动的方法之一。因此，在设计思维方法中，认识并掌握这些客观的发展规律，寻找出设计思维各形式之间的相互关系，创造自觉诱发设计灵感的条件，对达到艺术设计创作过程中最佳的思维状态是十分重要的。

（1）抽象形态的思维方法训练

① 点的视觉表达。

② 线的视觉表达。

③ 面的视觉表达。

（2）典型形态的创意思维训练

① POP 广告招牌。商店的招牌是通过图形和色彩使消费者看到、了解信息的有效艺术手段，招牌可以表现出销售何种商品、商品的特点、商品的档次等。招牌的色彩设计要鲜明、单纯，可以使消费者在较远的地方就可以看到。招牌的图形要求清晰、简洁、完整性强，可采用抽象图形和单纯文字进行装饰设计，如图 4-11 和图 4-12 所示。

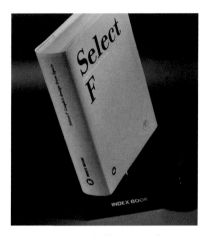

图 4-11　书籍 POP 广告

（图片来源：*Structural Displays S3* 18 页）

图 4-12　餐饮 POP 广告

（图片来源：*THE BEST IN POINT-OF-SALE DESIGN* 55 页）

　　② 引导指示牌。面积大的商店里，处理好引导系统，可以缓解导购的服务压力。设计时考虑商场的整体形象的统一性，还要注意内容繁简度和形式标识度的把握，使顾客能方便地看到、看清导向指示牌的作用和意义，如图 4-13 和图 4-14 所示。

图 4-13　商场指引牌（一）

（图片来源：商场拍摄）

图 4-14　商场指引牌（二）

（图片来源：商场拍摄）

　　③ 告示。商家所发布的告示，希望在有效的位置上第一时间传递给每一位顾客。顾客视线所及的立柱上、墙壁上、货架上都可以张贴这些告示，如图 4-15 和图 4-16 所示。

　　④ 海报。店内海报通常应用于营业店面内，做店内装饰和宣传用途。店内海报的设计需要考虑到店内的整体风格、色调及营业的内容，力求与环境相融。海报的设计可以由商家统一设计好主题风格的标头，实际内容可以根据不同类别进行设计和表现，如图 4-17 和图 4-18 所示。

　　⑤ POP 广告吊旗。通常在销售场所的上部空间、在天棚内以向下部垂挂的方式陈列，这种陈列注目性好，有引导顾客、装饰空间、活跃空间和促销等多种功能。但值得注意的是，体积大的重的物品不宜垂直陈列，如图 4-19 和图 4-20 所示。

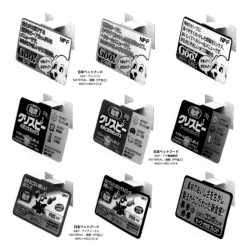

图 4-15　商品告示（一）

（图片来源：《日本 POP 广告设计精粹》86 页）

图 4-16　商场告示（二）

（图片来源：商场拍摄）

图 4-17　产品海报（一）

（图片来源：https://www.nipic.com/show/2069751.html）

图 4-18　产品海报（二）

（图片来源：http://www.dzwww.com/finance/jiaodian/
zxbb/201007/t20100723_5728920.html）

图 4-19　宜家店内吊旗（一）

（图片来源：商场拍摄）

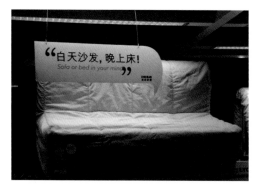

图 4-20　宜家店内吊旗（二）

（图片来源：商场拍摄）

⑥ 橱窗。橱窗设计可以体现出该商店是哪种类型的商店、销售哪类商品、属于哪类档次。橱窗不仅仅展示的是商品，也同时展示的是整体形象的一个体现，对商品销售起着至关重要的作用，如图 4-21 ～图 4-24 所示。

图 4-21　商场橱窗广告（一）
（图片来源：《橱窗与陈设》129 页）

图 4-22　商场橱窗广告（二）
（图片来源：《橱窗与陈设》129 页）

图 4-23　商场橱窗广告（三）
（图片来源：https://huaihua.home.focus.cn/gonglue/
a8e0d97aeca388ff.html）

图 4-24　商场橱窗广告（四）
（图片来源：https://huaihua.home.focus.cn/gonglue/
a8e0d97aeca388ff.html）

⑦ 柜台摆放造型。柜台摆放可以采用专题陈列方式、系列陈列方式、季节陈列方式、关联陈列方式、节庆陈列方式等，在实际销售过程中，每一个 POP 广告设计的存在都有其目的性，即为了促进销售。例如，在季节陈列中，往往是推销季节性商品的有效方法，能有效提示人们季节的交替和提前准备购物。这类陈列应在新季节将至前一个月进行，力求季节特点的新潮与新意。系列性陈设是常用的方法，通常采用一个厂家或某个品牌的系列进行陈列，力求做到系列化商品统一协调，形成一种强烈的视觉冲击力，如图 4-25 和图 4-26 所示。

图 4-25　手表 POP 广告

（图片来源：*World's Best Creative P.O.P. Displays* 152 页）

图 4-26　服装 POP 广告

（图片来源：*Structural Displays S3* 29 页）

⑧ 货架。货架在超级市场中比较常见，利用商品排列的阵型、特殊的结构来吸引顾客的注意。即达到堆放的要求，又满足 POP 广告设计展示的效果，如图 4-27 和图 4-28 所示。

图 4-27　鞋品货架广告

（图片来源：*THE BEST IN POINT-OF-SALE DESIGN* 29 页）

图 4-28　文具货架广告

（图片来源：*Point Of Purchase* 57 页）

（3）运用 VI 系统的创意训练

现代 POP 广告在商业运用层面同样属于企业视觉识别系统引用的一部分。参考一些 VI 的案例或操作方法，会了解到视觉系统是如何引导消费者辨识和记忆商品的，特别需要重视的是对于企业标志和标准色、标准字体的设计，往往是决定 POP 广告设计风格的重要因素。

4.2 → 现代POP广告的创意与方法

1. 现代POP广告设计的创意

现代POP广告设计时，通常同一个主题需要有不同的设计方案，从而产生多个创意，最终选出好的创意并成功地表达出来，就需要考虑到形象的完整性、材料的适应性、工艺的可行性、结构的合理性、色彩的触发性和表现手法的独特性等方面的问题，成功的创作往往在整体设计上给人一种视觉的平衡感和心理上的审美愉悦感，如图4-29和图4-30所示。

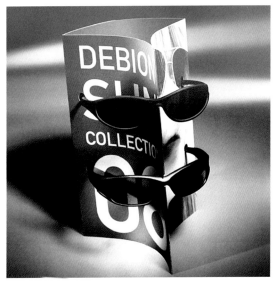

图4-29 眼镜POP广告
（图片来源：*Structural Displays S1* 60页）

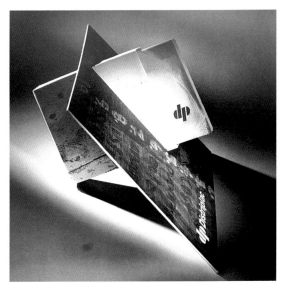

图4-30 桌面宣传卡
（图片来源：*Structural Displays S3* 63页）

（1）创意的完整性

终端促销的视觉传达包括促销现场的环境设计、宣传设计、货架设计以及商品的陈设设计等静态的内容，现代POP广告设计应该从整体性去构想、组织，从整体需要上进行取舍，把握好系列中个体的完整性和整体组合中的统一性，既要体现组合的共性，表现整体感，又要反映出个性特征，避免不协调、拼凑的感觉。

（2）结构的合理性

现代POP广告设计要考虑到立体造型、结构是否合理，这将关系到创意是否实现。设计构思过程中，要对立体造型的各个部分以及施工工艺等进行充分的考虑，这样才能呈现完美的POP广告，如图4-31和图4-32所示。

（3）工艺的可行性

现代POP广告设计各个部件的组合方式通常有线缝、胶粘、压膜等工艺手段，通过这些方式或其他的特殊形式能否按照要求完成作品，最终效果和创意能否吻合，在创意阶段中都是要考虑的。所以，在创意的初始阶段，就要对工艺进行了解，反复考虑工艺制作过程中的合理性和可行性，以便于最后完稿的实现，如图4-33和图4-34所示。

图 4-31　桌面宣传卡

（图片来源：*Structural Displays S2* 42 页）

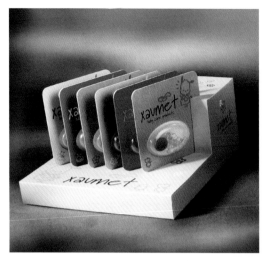

图 4-32　文具 POP 广告

（图片来源：*Structural Displays S1* 38 页）

图 4-33　SONY 家电 POP 广告

（图片来源：《日本 POP 广告设计精粹》65 页）

图 4-34　药品 POP 广告

（图片来源：《日本 POP 广告设计精粹》21 页）

（4）材料的适应性

现代 POP 广告设计中，材料的运用是不可缺少的，除了各种纸、木板、金属板之外，还有一些特殊的材料，这些材料因质感、性能不同而表现出不同的视觉形象。所以，如何选用材料，也是完成成品必不可少的考虑要素，如图 4-35 和图 4-36 所示。

（5）色彩的表现性

色彩在现代 POP 广告设计创意中常常是设计师表现的重要设计元素，不同的色彩具有不同的性格特征，能营造出不同的情境氛围，巧妙的色彩搭配可传达设计师内心感受及触发审美带给内心的感受，如图 4-37 和图 4-38 所示。

（6）表现的独特性

表现手法是指具有特色的工艺手段和装饰手段。对于创意而言，独特的表现手法对于传达设计意图和表现主题具有重要的作用。变换表现手法的处理，可以给现代 POP 广告设计带来独特的视觉效果，如图 4-39 ～图 4-42 所示。

图 4-35　运动产品 POP 广告

（图片来源：*THE BEST IN POINT-OF-SALE DESIGN* 98 页）

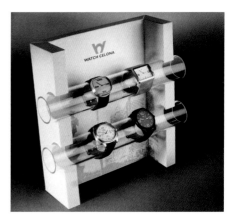

图 4-36　手表 POP 广告

（图片来源：*World's Best Creative P.O.P. Displays* 57 页）

图 4-37　手表 POP 广告（一）

（图片来源：*World's Best Creative P.O.P. Displays* 95 页）

图 4-38　手表 POP 广告（二）

（图片来源：*World's Best Creative P.O.P. Displays* 114 页）

图 4-39　手机 POP 广告（一）

（图片来源：学生作品）

图 4-40　手机 POP 广告（二）

（图片来源：学生作品）

图 4-41　啤酒 POP 广告（一）
（图片来源：《日本 POP 广告设计精粹》105 页）

图 4-42　啤酒 POP 广告（二）
（图片来源：《日本 POP 广告设计精粹》105 页）

2. POP 广告的创意方法

（1）直接展示法

直接展示法是一种最常见的运用十分广泛的表现手法。它将某产品或主题直接如实地展示在 POP 广告版面上，充分运用摄影或绘画等技巧的写实表现能力，细致刻画和着力渲染产品的质感、形态和功能用途，将产品精美的质地引人入胜地呈现出来，给人以逼真的现实感，使消费者对所宣传的产品产生一种亲切感和信任感。

这种手法由于直接将产品推到消费者面前，所以要十分注意画面上产品的组合和展示角度，应着力突出产品的品牌和产品本身最容易打动人心的部位，运用色光和背景进行烘托，使产品置身于一个具有感染力的空间，这样才能增强广告画面的视觉冲击力，如图 4-43 所示。

（2）突出特征法

运用各种方式抓住和强调产品或主题本身与众不同的特征，并把它鲜明地表现出来，将这些特征置于 POP 广告画面的主要视觉部位或加以烘托处理，使观众在接触言辞画面的瞬间即很快感受到，对其产生注意和发生视觉兴趣，达到刺激购买欲望的促销目的。

在表现中，这些应着力加以突出和渲染的特征，一般由富于个性产品形象与众不同的特殊能力、厂商的企业标志和产品的商标等要素来决定。

突出特征的手法也是我们常见的运用得十分普遍的表现手法，是突出 POP 广告主题的重要手法之一，有着不可忽略的表现价值，如图 4-44 所示。

（3）对比衬托法

对比是一种趋向于对立冲突的艺术美中最突出的表现手法。它把作品中所描绘的事物的性质和特点放在鲜明的对照和直接对比中来表现，借彼显此，互比互衬，从对比所呈现的差别中，达到集中、简洁、曲折变化的表现。通过这种手法更鲜明地强调或提示产品的性能和特点，给消费者以深刻的视觉感受。

作为一种常见的行之有效的表现手法，可以说，一切艺术都受惠于对比表现手法。对比手法的运用，不仅使 POP 广告主题加强了表现力度，而且饱含情趣。对比手法运用的成功，能使貌似平凡的画面处理隐含着丰富的意味，展示了广告主题表现的不同层次和深度。

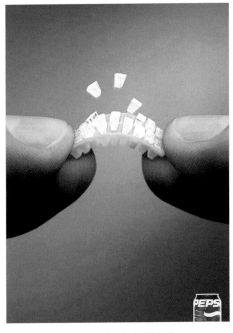

图 4-43　阿迪达斯广告
（图片来源：https://gonglue.epwk.com/236335.html）

图 4-44　百事可乐广告
（图片来源：《包装与设计》157 期 77 页）

（4）运用联想法

审美的过程中通过丰富的联想能突破时空的界限，扩大艺术形象的容量，加深画面的意境；通过联想，人们在审美对象上看到自己或与自己有关的经验，美感往往显得特别强烈，从而使审美对象与审美者产生共鸣，在产生联想过程中引发了美感共鸣，其感情的强度总是激烈的、丰富的。

（5）富于幽默法

幽默法是指广告作品中巧妙地再现喜剧性特征，抓住生活现象中局部性的东西，通过人们的性格、外貌和举止的某些可笑的特征表现出来。幽默的表现手法往往运用饶有风趣的情节巧妙安排，把某种需要肯定的事物无限延伸到漫画的程度，造成一种充满情趣、引人发笑而又耐人寻味的幽默意境。幽默的矛盾冲突可以达到既出乎意料又在情理之中的艺术效果，引发观赏者会心的微笑，以别具一格的方式发挥艺术感染力的作用。

（6）选择偶像法

选择偶像法是针对人们对名人偶像的仰慕心理，选择观众心目中崇拜的偶像配合产品信息传达给观众。由于名人偶像有很强的心理感召力，故借助名人偶像的陪衬可以大大提高产品的印象程度与销售地位、树立名牌的可信度产生不可言喻的说服力，从而诱发消费者对广告中名人偶像所赞誉的产品产生购买欲望。

（7）连续系列法

连续系列法是通过连续画面形成一个完整的视觉印象，使通过画面和文字传达的广告信息十分清晰、突出、有力。现代 POP 广告设计画面本身有生动的直观形象，多次反复地不断积累能加深消费者对产品或劳务的印象，获得好的宣传效果，对扩大销量、树立名牌、刺激购买欲和增强竞争力有很大的作用。对设计策略的前提、确立企业形象更有不可忽略的重要作用，如图 4-45 和图 4-46 所示。

图 4-45　减肥产品 POP 广告（一）

（图片来源：日本商场拍摄）

图 4-46　减肥产品 POP 广告（二）

（图片来源：日本商场拍摄）

4.3 → 现代POP广告设计的原则

现代 POP 广告设计作为营销市场中重要的促销手段，POP 广告设计创意主题蕴含于 POP 广告创作的始终，主题和商品是内容与形式的关系。主题是内容，是设计师创作的思想中心和基本立意，通过造型、材料、色彩等形态的形成起着主导作用。通过主题的选定，在进行设计中需要重视其信息传达的独特性、简明性和形象性原则，如图 4-47 和图 4-48 所示。

图 4-47　包装类 POP 广告（一）

（图片来源：《包装与设计》146 期 29 页）

图 4-48　包装类 POP 广告（二）

（图片来源：*World's Best Creative P.O.P. Displays* 73 页）

1．独特性原则

独特性的设计原则是设计个性化的表现。在现代 POP 广告设计中，"求异"常常是关键。同样是针对一个主题，我们必须找出与之相关的尽可能多的表现形式，才能创造出与众不同的 POP 广告设计作品。独特性越鲜明，视觉表达的感染力就越强，刺激的程度越深，给人的印象就越深。

2. 简明性原则

现代 POP 广告设计是要将商品的信息快速地传达给受众，让其在转眼之间感受冲击力，引起注目，留下印象。广告不是连续剧，更不是长篇小说，消费者逛商场，没有时间和闲情看冗长的"广告"，故广告的简明性与独特性同样重要。

3. 形象性原则

广告不是用说教的方式推销商品，而是用艺术的手法传达信息。形象美好，给人以美的感受，从而激发消费者的需求欲望，诱导购物行为，达到促销的目的。

4.4 → 现代POP广告设计的基本步骤

现代 POP 广告设计的基本步骤如下。

1. 前期准备工作

现代 POP 广告设计需要充分的前期准备工作，所谓"磨刀不误砍柴工"。前期准备工作由设计一方从广告委托方接受设计任务开始，要全面地了解商品的相关信息，做到事无巨细，如广告设计委托方的目的、意图、需求、预算和预期效果等。前期准备工作时要收集大量的商品信息资料，包括商品信息、样品、素材和企业的视觉文化元素如图片、文字等。

设计团队进行工作前需要仔细分析各项要求和目的，根据商品的周期性和 POP 广告设计展出的陈列环境等因素有针对性地给出解决的方案，制定主题，给出大概的设计方向。根据初步方案，进行市场调研，分析方案的可行性并根据调研结果修改。

2. 确定设计方案

根据方案确定主题，开始具体的设计工作。要结合商品的性能和展出环境进行视觉样式的各种方案的尝试，设计方案初步确定。

3. 选取材料，确定 POP 广告的展出形式

设计团队和广告委托方确定设计主题和设计方案后可以选择材料进行 POP 广告设计的制作，需要考虑成本和广告设计的展陈方式，更需要考虑坚固耐久性。对于一些需要电子展示平台或特别展示的 POP 广告设计则需要进行前期的测试以确保展出效果，如图 4-49 和图 4-50 所示。

图 4-49　POP 广告设计

（图片来源：https://www.xiaohongshu.com/explore/
61b5cf57000000000102a695）

图 4-50　POP 展示设计

（图片来源：顺丰包装改造创意展拍摄）

本章小结

　　本章主要围绕现代 POP 广告设计创意的基本概念、创意的原则与方法的突破以及创意的思维方法展开。通过图例展示，便于更好地理解方法和原则的学习，而这两者正是建立逻辑、有计划的设计方案的前提。

课题训练

　　1．现代 POP 广告设计的创意有哪些主要的方法？
　　2．结合实际案例确定主题将设计方案进行实际制作，思考如何将创意表现出来。

第 5 章

现代POP广告的视觉元素及表现形式

本章内容

- 现代POP广告设计的视觉元素
- 现代POP广告设计的表现形式

本章导航

现代POP广告设计中视觉元素的应用很重要，夺人耳目的视觉元素具有延展性，达到系列化、统一性，使终端广告表现形成整体风格，以形成反复的视觉冲击力，并在每一次的营销活动中达到宣传累积的效果，同时现代POP广告设计在卖场中因为灵活多变，表现形式也很丰富。

学习目标

- 学习和掌握现代POP广告设计的视觉元素并灵活运用。
- 现代POP广告设计的表现形式比较多样，根据广告诉求需要让POP广告设计起到实际效果。

5.1 → 现代POP广告设计的视觉元素

现代 POP 广告设计的视觉形式丰富多彩，图像、色彩、造型和光等视觉元素以及动态影像、立体造型等都充分展示 POP 广告系统的视觉表现的多样性。在材料的使用上，不同的材料有不同的视觉冲击力和表现力。个体的视觉表现样式能表达一定的意图，和其他的一些视觉形式联系起来产生整体的视觉关联，材料的综合丰富了质感和层次感，从而使信息接收和传递得比较流畅，如图 5-1 ～图 5-3 所示。

图 5-1　食品 POP 广告（一）
（图片来源：*World's Best Creative P.O.P. Displays* 56 页）

图 5-2　食品 POP 广告（二）
（图片来源 https://www.zcool.com.cn/work/ZMzEyOTQ5ODQ=.html?switchPage=on）

设计师主要是通过特色的设计表现来吸引消费者的注意，使消费者乐于接受。运用色彩、图形、文字等设计要素并设法赋予在现代 POP 广告设计的立体外观形态上，使之具有从视觉上促进商品销售的能力。

5.1.1　POP广告的文字设计

现代 POP 广告设计中，文字的设计有以下几方面用途：第一，解决阅读问题；第二，突出品牌形象个性，具有符号化的视觉特点。字体的选择和运用取决于视觉传达主题表现的具体需求，其形式感和视觉表现要与传达的内容相一致。POP 广告设计中的主题字体造型可以使

图 5-3　宝洁公司 POP 广告
（图片来源：*THE BEST IN POINT-OF-SALE DESIGN* 27 页）

用较夸张和装饰的形式以及对比的色彩关系，必须易读、易认、易记，这是在处理文字时应该遵循的基本原则。文字在编排时，注意阅读顺序，分出主从，可采取夸张的手法将主要的词语有效地突出；文字的色彩要强化主题，避免大段的说明性文字出现，即使有，也要注意分隔，如图 5-4 ～图 5-7 所示。

图 5-4　食品 POP 广告
（图片来源：*Point Of Purchase* 57 页）

图 5-5　牛奶包装 POP 广告
（图片来源：《包装与设计》157 期 87 页）

图 5-6　手绘 POP 广告
（图片来源：https://c-ssl.duitang.com/uploads/
item/201502/15/20150215155032_Vm2PB.jpeg）

图 5-7　商场吊旗 POP 广告
（图片来源：商场拍摄）

现代 POP 广告设计中的字体设计，根据广告宣传与诉求信息的不同要求，创作个性化的识别性文字，力求体现企业、品牌和商品的个性，注重识别的特征及特色。突出文字设计个性化的视觉形象，形成差异化，区别于同类品牌的视觉样式，给人强烈的感受，形成商品信息传达的独特风格。整体的特征也具有识别性，局部要服从整体，视觉统一、形象明确，同时，不能忽略识别性与其他视觉元素的关联，如色彩、图形等，如图 5-8 ～图 5-13 所示。

图 5-8 床品广告（一）
（图片来源：https://www.adsoftheworld.com/campaigns/wor）

图 5-9 床品广告（二）
（图片来源：https://www.adsoftheworld.com/campaigns/wor）

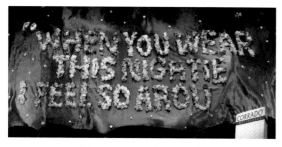

图 5-10 床品广告（三）
（图片来源：https://www.adsoftheworld.com/campaigns/wor）

图 5-11 床品广告（四）
（图片来源：https://www.adsoftheworld.com/campaigns/wor）

图 5-12 床品广告（五）
（图片来源：https://www.adsoftheworld.com/campaigns/wor）

图 5-13 床品广告（六）
（图片来源：https://www.adsoftheworld.com/campaigns/wor）

1．字体、字号和密度

现代 POP 广告设计中，字体设计中文字的外形和结构、笔画的粗细、字的密度和色彩等编排都起到举足轻重的作用。不同字体、字号、密度等都会直接影响整体广告的主旨意图，这些细节的微妙变化都影响字的视觉传达效果。字体的种类搭配要协调，一般一个版面不宜选用多个字体，否则容易产生杂乱、不和谐感。字号的处理也要考虑到版面的整体性，太大和太小都会影响效果。在编排 POP 广告设计的文字时，要注意字体的空间关系、密度，适当的留白能更好地突出主体。

2．字的识别

现代 POP 广告设计中，文字的设计主要解决阅读的问题并突出品牌的形象个性，具有符号化的视觉特点。可根据广告宣传与诉求信息的不同要求创作个性化的识别文字，突出企业和品牌及产品的个性，注重识别的特征及特色。

3．字的变体

现代 POP 广告设计中变体文字的使用率很高，变体文字的难点在于艺术性、创造性和可读性的完美结合。经过添加、嵌入、夸张、变形、变异、取舍、剪切等装饰性手段的恰当处理，再组合、重构，从而形成整体的图像文字。变化后的字体，除了保留文字的基本特征外，还建立起新的视觉传达语言和秩序。POP 广告设计中手绘文字的表现是十分富有亲和力的，可拉近消费者和商品的距离，从而促成购买。

5.1.2 POP广告的图形设计

所谓的图形，是一种用形象和色彩来直观地传播信息、观念及交流思想的视觉语言，它能超越国界、排除语言障碍并进入各个领域与人们进行交流与沟通，是人类通用的视觉符号。借助设计元素所组合出来的视觉图形，应当以图形能否表达出消费者对商品形象、商品理想价值的要求来确定图形的形式，也就是说，依靠图形的感染力促使消费者产生心理联想，激起购买欲望。视觉形象一目了然，可以快速地传达信息，免除了其他中介形式的语义转换，如图 5-14 和图 5-15 所示。

图 5-14　饮品包装广告（一）
（图片来源：https://huaban.com/pins/86362390）

图 5-15　饮品包装广告（二）
（图片来源：https://www.zhihu.com/question/20787836/
answer/29331782）

现代 POP 广告设计的图形包括商标、企业标志、吉祥物、代言人、商品、装饰形态等，它可分为具象图形、抽象图形和装饰图形。

1．具象图形

具象的图形可表现客观对象的具体形态，同时也能表现出一定的意境，它以直观的形象真实地传达物象的形态美、质地美、色彩美等，具有真实感，容易从视觉上激发人们的兴趣与欲求，从心理上取得人们的信任。尤其是一些具有漂亮外观的产品，常运用真实的图片通过精美的设计制作给人带来赏心悦目的感受。因为它的这些特点，具象图形在现代 POP 广告设计中占主导地位。另外，具象图形是人们喜爱和易于接受的视觉语言形式。运用具象图形来传达某种观念或产品信息，不仅能增强画面的表现力和说服力，提升画面的关注度，而且能使传达富有成效。

需要注意的是，具象图形、图像的选择运用要紧扣主题，需要经过加工提炼与严格的筛选，它应是具体图形表现的升华而不是图片形象的简单罗列、拼凑。具象图形比较容易使消费者接受，常常用来直接展现商品的特征或细节，从视觉上引起消费者的需求欲望，从情理上取得人们的信赖，在心理上缩短与消费者的距离，具有良好的说服力。通常包括摄影、插画等手法，如图 5-16 ～图 5-18 所示。

图 5-16　化妆品 POP 广告
（图片来源：商场拍摄）

图 5-17　文化产品 POP 广告　　　　　　　图 5-18　耐克 POP 广告

（图片来源：《日本 POP 广告设计精粹》69 页）　　（图片来源：*THE BEST IN POINT-OF-SALE DESIGN* 123 页）

2. 抽象图形

抽象图形运用非写实的抽象化视觉语言表现宣传内容，是一种高度理念化的表现。现代 POP 广告设计中抽象图形的表现范围很广，尤其是现代科技类产品，因其本身具有抽象美的因素，用抽象图形更容易表现出它的本质特征。此外，对有些形象不佳或无具体形象的产品，用具象图形表现较困难时，采取抽象图形表现可取得较好的效果，如图 5-19～图 5-22 所示。

图 5-19　食品包装

（图片来源：《包装与设计》155 期 89 页）

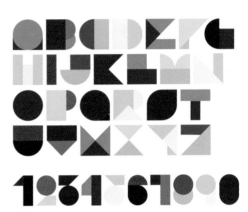

图 5-20　文字图形设计

（图片来源：https://www.mlito.com/design/5732.html）

图 5-21　文化衫海报（一）

（图片来源：周旭作品）

图 5-22　文化衫海报（二）

（图片来源：周旭作品）

抽象图形单纯、凝练的形式美和强烈、鲜明的视觉效果是人们审美意识的增强和时代精神的反应，较之具象图形具有更强的现代感、象征性、典型性。抽象表现可以不受任何表现技巧和对象的束缚、不受时空的局限，扩展了现代 POP 广告设计的表现空间。

无论图形抽象的程度如何，最终还是要让观者接受，因此，在设计与运用抽象图形时抽象的形态应与主题内容相吻合，表达对象的内容或本质。另外，要了解和掌握人们的审美心理和欣赏习惯，加强针对性和适应性，使抽象图形准确地传递信息并发挥应有的作用。在心理学中，抽象是一种思维过程，是在分析、综合、比较的基础上抽取同类事物的本质属性而形成概念的过程。可以利用基本元素点、线、面、体，经理性规划或自由构成设计得到非具象图形。抽象图形用来象征商品的内在属性和性格，人们通过视觉经验产生联想，从而了解商品的内涵。现代 POP 广告设计使用抽象化的视觉形象进行表现，和具象化的视觉语言形成对比，显示出与众不同的视觉风格，有利于个性化品牌诉求。其包括几何图形、有机图形、偶发图形、电脑特技图形等。

3. 装饰图形

在视觉传达上，装饰优化信息传达，变单调为丰富。对设计对象进行适当的针对性装饰可以加强视觉效果。装饰性是对某些视觉元素和样式的强化运用。从早期的工艺美术运动、装饰艺术运动到后来的现代主义、波谱艺术等，都呈现了截然不同的视觉装饰风格。装饰性图形对商品采用归纳、添加、简化等手法进行图案化的表现，使现代 POP 广告设计强化信息传达，具有浓郁的视觉特色和形式美感。

5.1.3　POP广告的色彩运用

在 POP 广告设计的诸要素中，色彩是一个重要的组成部分，它可以制造气氛、烘托主题、强化版面的视觉冲击力，直接引起人们的注意与情感上的反应。心理学家研究表明，人的视觉感官在观察物体的最初 20 秒内，色彩感觉占 80%，形体感觉占 20%；两分钟后，色彩占 60%，形体占 40%；5 分钟后，各占一半，并且这种状态将继续保持。可见色彩给人的印象是迅速和持久的。此外，色彩还可以更为深入地揭示主题与形象的个性特点，强化感知力度，给人留下深刻的印象，在传递信息的同时给人以美的享受。可见，色彩是一种感情符号，它能直截了当地将信息通过色彩传达给人们。色彩在现代 POP 广告设计中也同样具有符号性的传递功能，除帮助人们识别、表达特定的主题外，还可以利用色彩的相互配合创造出适于表达设计主题本身特点的完美的艺术效果。色彩在编排中不仅仅是一种视觉现象，更是一把拥有情感维度和文化维度的标尺，用来促进或是阻止人们之间的沟通，如图 5-23 ～图 5-26 所示。

图 5-23　食品 POP 广告

（图片来源：*THE BEST IN POINT-OF-SALE DESIGN* 64 页）

图 5-24　diesel 品牌 POP 广告

（图片来源：*World's Best Creative P.O.P. Displays* 80 页）

图 5-25　节日促销 POP 广告
（图片来源：《日本 POP 广告设计精粹》152 页）

图 5-26　电影 POP 广告
（图片来源：*THE BEST IN POINT-OF-SALE DESIGN* 131 页）

　　现代 POP 广告的色彩设计应从整体出发，注重各构成要素之间色彩关系的整体统一，以形成能充分体现主题内容的基本色调，进而考虑色彩的明度、色相、纯度以及各因素的对比与调和关系。设计者对于主体色调的准确把握可帮助读者形成整体印象，更好地理解主题。

　　在 POP 广告设计中，运用商品的标准色彩及辅助色彩的联想、象征等色彩规律，可增强商品的传达效果。不同种类的商品常以与其感觉相吻合的色彩来表现，如食品、电子产品、化妆品、药品等在用色上有较大的区别，而同一类产品根据其用途、特点还可以再细分，如食品，总的来说大多选用纯度较高、感觉干净的颜色来表现，其中，红、橙、黄等暖色能较好地表达色、香、味等感觉，引起人的食欲，故在表现食品方面应用较多；咖啡色常用来表现巧克力或咖啡等一些苦香味的食品；绿色给人新鲜的感觉，常用来表现蔬菜、瓜果；蓝色有清凉感，常用来表现冷冻食品、清爽饮料等。

　　色彩的运用过程中既要注意典型的共性表现，也要突出商品自己的个性。如果所用色彩流于雷同，就失去了新鲜的视觉冲击力，这就需要在设计时打破各种常规或习惯用色的限制，勇于探索，根据表现的内容或产品特点设计出新颖、独特的色彩格调。总之，现代 POP 广告色彩的设计既要从宣传品的内容和产品的特点出发，有一定的共性，又要在同类设计中标新立异，有独特的个性。这样才能加强商品的识别性和记忆性，达到良好的视觉效果。现代 POP 广告的色彩设计应与企业的标准用色尽可能保持一致。标准色突显企业的理念和产品特质，借助企业的标准色力量，扩大与竞争对手的差异性，强化消费心理，促成消费行为，如可口可乐的红色、电信行业的蓝色等。

　　色彩的运用没有固定不变的标准，在探寻色彩心理作用的普遍规律中，可针对具体情况，灵活制订色彩计划。色彩设计必须注重下面几点才能提高视觉效果，完美地表达设计主题。

1．主调

现代 POP 广告设计经常投放在零售环境，确定 POP 广告设计的主题色调时考虑到店面的室内照明设施的影响，就好像是乐曲的主旋律在特定的气氛与意境上起到主导作用，有强烈的感染力。一幅设计作品给观众什么样的感受首先得确定整体色调，这是色彩设计的第一步也是决定设计成败的首要因素。很多 POP 广告色彩的建立是与品牌相关的，品牌的标准色与辅助色的运用可以控制整体 POP 广告设计的主调。

2．平衡

平衡是指视觉上的一种力的平衡状态。一般说来，色彩的明暗轻重和面积大小是影响配色的基本要素，其原则是纯度和暖色对比时，灰调色和冷色面积要小一些，这样容易达到平衡；明度接近时，纯度高的颜色比纯度低的颜色面积小易于取得平衡；另外，明度高的色彩在上，明度低的色彩在下，容易保持平衡。

3．节奏

现代 POP 广告设计多为短期的商品促销，字体和图形的色彩变化以及图与底的色彩变化。有变化、有规律的节奏会让人产生活泼的、优美的、庄严的、悲壮的心理感受，激发人们的感情产生共鸣。

4．强调

强调在色彩设计运用中有很高的表现价值，能破除整体色调的单调及平庸之感，有助于突出画面的视觉中心，加强主题的表现力。现代 POP 广告设计很多时候都是为了强调而进行的设计。价格带、吊旗等表现形式都是为了能在零售市场上引起消费者注意，所以，色彩的强调对比能够刺激消费者的购买兴趣，从而起到引导的作用。

5．分割

在琳琅满目的 POP 广告设计中，为了能让消费者更清晰、更具体地体会到设计中所要传播的信息，通过色彩的分割可以引导消费者在阅读文字内容和对照商品比价时稍作停顿。分割可以使对比过弱的色彩效果清晰明快，对比过强的色彩和谐统一，无色彩的黑、白、灰易取得鲜明、响亮、和谐的效果，金色和银色也同样具有良好的分割效果。

6．渐层

渐层的色彩形式使人的视点从一端移位到另一端，具有明显的传达效果。明度的渐层好似明度阶段，明色到暗色可以获得阶段性的变化。纯度的渐层如纯度阶段，从鲜艳色逐渐变化为灰调就可以获得。这些色相、明度、纯度的组合渐层都能产生复杂的色彩效果，使现代 POP 广告设计的表现力更加丰富。

5.1.4　POP广告立体造型设计

由于现代 POP 广告设计陈列的特殊方式和地点的原因，POP 广告设计中有很大一部分是立体造型，从视觉的角度出发，为了适应商场内顾客的流动视线。POP 广告设计多以立体的方式出现或展示，所以，在平面广告造型基础上，还得增加立体造型的因素。立体造型对于广告内容的表达层次也更加丰富，它与平面视觉设计相映成趣，形成一个整体，如图 5-27～图 5-30 所示。

图 5-27　售卖点广告
（图片来源：*Point Of Purchase* 57 页）

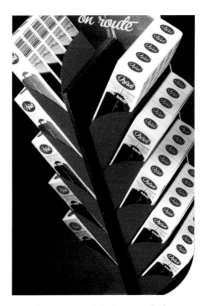

图 5-28　巧克力 POP 广告
（图片来源：*Structural Displays S3* 71 页）

图 5-29　玩具 POP 广告
（图片来源：商场拍摄）

图 5-30　耐克 POP 广告
（图片来源：商场拍摄）

　　现代 POP 广告设计的立体造型，从形态选择的角度看，可以分具象形态的造型和抽象形态的造型两大类。具象形态的造型，可以是产品实物形象的利用或是产品模型的放大或缩小，也可以是与产品有关的附加具象形态的造型或象征、比喻性具象形态的造型；而抽象形态的造型则以抽象的几何形态、有机形态、偶然形态等间接与产品内容发生联系，或从抽象的材质关系来产生与产品内容的联系等。从结构上看现代 POP 广告设计的立体造型与产品的关系时，可分为承物式的立体造型和纯广告体的造型两类。承物式的立体造型又分为产品在立面上以起传达作用为主的一类和以承载物为主、以传达为次的另一类；纯广告体的造型就是完全以传达商品信息，起到招揽作用为目的的广告体造型。

　　立体的现代 POP 广告设计造型一般分为纸材立体和其他新型材料立体两大类。现在市场上制作完整的立体造型的 POP 广告多为纸材的材料，可应用于柜台 POP 广告、悬挂 POP 广告，也有一些立地式的展架造型。其他材料的木质或板材等厚型材质，多根据具体情况选择。在设计立体造型时，应注意以下几点。

1. 合理的内部结构

　　立体造型尤其是立地式 POP 广告一般下半部分体积较大，应注意立体造型的重心，防止倾斜倒塌或外力的轻易碰倒，如图 5-31 ～图 5-34 所示。

图 5-31　卖场 POP 广告（一）

（图片来源：《日本 POP 广告设计精粹》74 页）

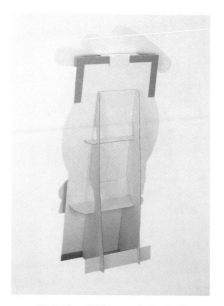

图 5-32　卖场 POP 广告（二）

（图片来源：《日本 POP 广告设计精粹》74 页）

图 5-33　电器 POP 广告（一）

（图片来源：《日本 POP 广告设计精粹》117 页）

图 5-34　电器 POP 广告（二）

（图片来源：《日本 POP 广告设计精粹》69 页）

2．新颖的外观样式

立体造型在外观上应注意创意的表达，发挥想象力，结合商品的性质创造出迎合消费者心理的现代 POP 广告设计造型，如图 5-35～图 5-40 所示。

图 5-35　立体造型 POP 广告（一）

（图片来源：https://www.xiaohongshu.com/explore/611639090
000000021037cf0）

图 5-36　立体造型 POP 广告（二）

（图片来源：https://www.xiaohongshu.com/explore/611639090
000000021037cf0）

图 5-37　立体造型 POP 广告（三）

（图片来源：https://www.xiaohongshu.com/explore
/611639090000000021037cf0）

图 5-38　立体造型 POP 广告（四）

（图片来源：《日本 POP 广告设计精粹》106 页）

图 5-39　立体造型 POP 广告（五）

（图片来源：*World's Best Creative P.O.P. Displays* 81 页）

图 5-40　立体造型 POP 广告（六）

（图片来源：*World's Best Creative P.O.P. Displays* 128 页）

3. 顾及工艺与成本

设计方案最终要实现在加工生产上，设计方案要考虑到成本、加工工艺，使设计变成一种可能，同时在充分调查市场的前提下，了解材料和最新的工艺动态。

5.1.5　POP广告设计的编排形式

现代 POP 广告设计的视觉原色编排一般依据视觉流程的要求，视觉中心应放在版面的中心偏上的位置，视觉由上至下、由左至右、呈左上向右下的弧形方向移动。视觉元素包括文字、插图、装饰纹样、色彩等。编排是让消费者在最短的时间内了解到 POP 广告的内容，并能顺畅地进行阅读，配合 POP 广告设计的造型元素和视觉元素合理地组织、传达特定信息。设计诉求简单并夺目是现代 POP 广告设计编排的目标，如图 5-41 ～图 5-44 所示。

图 5-41　yonda 品牌 POP 广告

（图片来源：《日本 POP 广告设计精粹》75 页）

图 5-42　耐克 POP 广告
（图片来源：*THE BEST IN POINT-OF-SALE DESIGN* 83 页）

图 5-43　彪马 POP 广告
（图片来源：http://www.5tu.cn/thread-21465-1-1.html）

图 5-44　卡片编排设计
（图片来源：http://www.360doc.com/conte
nt/16/1104/09/32515458_603985961.shtml）

POP 广告设计的编排类型。

1. 标准型

标准型是最常见的简单而规则的编排类型，将图片、标题、说明文、标志图形由上到下依次排列，利用图片和标题吸引消费者注意，然后引导读者阅读说明文和标志图形，自上而下符合人们认识的心理顺序和思维活动的逻辑关系，具有稳定和良好的视觉效果。

2. 斜置型

斜置型是使插图与文字呈倾斜状态，是一种富于动感的编排方式，使视线沿倾斜角度而由上至下或由下至上移动，可以造成一种不稳定感，从而引起受众的注意。构图时的全部要素向右边或者左边做适当的倾斜，在现代 POP 广告设计中，要依据具体的形式和材料组织编排。

3. 中轴型

中轴型是对称的构图形态，标题、图片、说明文与标题图形放在轴心线或者图形两边，具有很好的平衡感，依据视觉流程的规律，在设计时一般把诉求重点放在左上方或者右下方。在现代 POP 广告设计中，悬挂类的吊旗通常用此种类型。

4. 散点型

在编排时，将构图要素在版面上进行不规则的排放形成随意轻松的视觉效果即为散点型编排设计，设计时注意统一气氛，进行色彩或图形的相似处理，避免杂乱无章，同时突出主体、符合视觉规律方能取得最佳效果。

5. 全图型

用一张图片或图形填充整体版面，图片可以是现代 POP 广告设计所需要的特写场景，在图片适当位置直接加入标题、说明文字或者标志图形。其中图片的选择一定要具有创意和丰富的画面感，图片质量要高，完美的视觉效果会起到决定性的作用。食品类、服装类的 POP 广告设计通常采用这种形式。

6. 指示型

指示型编排类型在结构形态上具有明显的指向性，这种指向性构成要素可以是箭头型的指向构成，也可以是广告形象的动势指向内容，具有明显的指示作用。现代 POP 广告设计中指示型的例子比比皆是，通过引导使消费者找到自己所需的商品。

7. 重复型

重复的构成要素具有较强的视觉冲击力，可以使版面产生节奏感，增加画面情趣，通过画面编排的重复可以达到一种气氛，使消费者置身于卖场的浓烈的购买气氛中，达到促销的效果。

8. 背景型

在编排时把实物或原料纹样或者某种肌理效果作为版面的全面背景，可以为固定的形象，可以中间留白，便于随时更换内容，标题、说明文字等构成要素。这种背景型的编排通常用于品牌管理比较统一的企业，以促成完整的品牌形象。

9. 自由型

自由型是指通过不规则的方法对画面要素进行编排配置的构图方法。随意地将文字图形散点式排列展开，将画面的视觉要素加以混合，完成一种感性的设计方法。时尚潮流的商品多用此类编排方式。

10. 字体型

在编排时，对商品的品名、标志图形进行放大处理，使其成为版面上主要的视觉要素，这种形式能增强版面的情趣、突破广告的主题，直指人心。在设计上力求简洁、巧妙。字体的设计通常有细节上的设计，字体、字号等编排看似简单，实则不易。字体型现代 POP 广告设计的编排通常能给人较深刻的印象。

5.1.6　POP广告的材料选择

现代 POP 广告设计涉及的材料相当广泛，包括石、木等自然材料，也有金属、塑料等合成材料。讲究材料的设计之美，要了解材料的个性，不同材料的特点。材料可以带给人不同的视觉感受，如湿润与干燥、温和与强烈、动与静、夸张与含蓄、扩张与收缩、冷与暖、刚与柔等。材料的选择需要考虑广告的目的、发布的场所、使用的时间长短等因素。根据用途和设计方案，现代 POP 广告设计作品会同时使用多种材料，如图 5-45 ～图 5-50 所示。

图 5-45　牛仔品牌 POP 广告
（图片来源：商场拍摄）

图 5-46　皮鞋品牌 POP 广告
（图片来源：*World's Best Creative P.O.P. Displays* 69 页）

图 5-47　皮包品牌 POP 广告

（图片来源：*World's Best Creative P.O.P. Displays* 67 页）

图 5-48　药品 POP 广告

（图片来源：《日本 POP 广告设计精粹》92 页）

图 5-49　castrol 卡片

（图片来源：*THE BEST IN POINT-OF-SALE DESIGN* 45 页）

图 5-50　diesel 品牌广告牌

（图片来源：*World's Best Creative P.O.P. Displays* 67 页）

1. 木材

　　木质材料可以重复利用，是良好的绿色材料，它具有优美的自然纹理，良好的、柔和温暖的视觉和触觉效果。能承受冲击、震动、重压，加工方便，不易腐烂，同时能制造出古朴的气氛与接近自然的氛围。

2．金属

金属也是应用比较多的现代 POP 广告设计材料，具有良好的延伸性，容易加工成型，制造工艺成熟，能连续自动化生产，金属表面有特殊的光泽，能增加 POP 广告外观的美感，更显华丽、美观、时尚。比如不锈钢材料色泽突出，有镜面、拉丝、抛光等多种效果，在材料运用上具有豪华和刺激之感。

3．木质板材

木质板材有各种板材，如胶合板、刨花板、细木工板、密度板等，这些板材具有一定的强度和硬度，在面饰的表现上能够产生很好的效果，如图 5-51 所示。

4．玻璃

玻璃通透性好，易于造型，具有特殊的美感，原料资源丰富且便宜，价格稳定，易于回收、再生。不足之处为抗冲击强度低、易损、运输成本高。

5．金属板材

金属板材的主要材质来源与金属构造材料一致，在 POP 广告的平面表现中也能得到强烈的刚劲风格。

6．石材

石材具有明显的纹理和层状结构，其特性坚实，色泽美丽自然，坚固耐用。作特殊结构展示架的运用能产生自然的效果，如图 5-51 所示。

7．布料

现代 POP 广告设计中，布的使用也较多见。大量运用布料进行吊挂、壁面以及背景处理，同样可以形成良好的商业 POP 广告展示风格。

8．塑料

塑料具有一定的强度，以及隔热、抗腐蚀、绝缘、质量轻、不易破碎、抗紫外线等优良品质。在现代的商业展示上运用塑料材料的比比皆是，展示效果具有强烈的时代感，如图 5-52 所示。

图 5-51　木质板材、石材材料 POP 广告设计
（图片来源：https://www.zcool.com.cn/work/
ZMTIwNTg5Ng==.html）

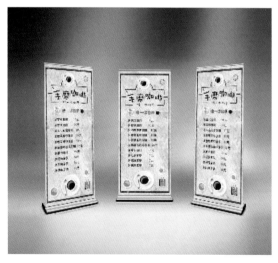

图 5-52　塑料材料 POP 广告设计
（图片来源：https://weili.ooopic.com/weili_26220876.html）

9. 纸类

自蔡伦发明造纸术至今，纸类已发展成为用途最广、成本最经济、变化最大的 POP 广告设计材料之一。纸与纸板各有优点，纸具有良好的成型性和折叠性，加工性能良好，便于制作。纸板成型性好，固定形状良好，如图 5-53 和图 5-54 所示。

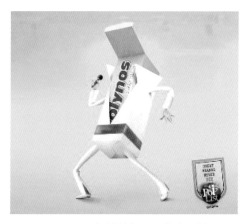

图 5-53　再生纸材料 POP 广告设计

（图片来源：http://big5.china.com.cn/gate/big5/art.china.cn/
sheji/2009-05/18/content_2910003.htm）

图 5-54　纸质材料 POP 广告设计

（图片来源：Jornal-O-Popular 平面广告设计）

10. 皮革

皮革在现代 POP 广告设计中也是一种常用的材料，其温暖的质地使得 POP 广告具备了高级和豪华的质感。

11. 陶瓷

陶瓷品种繁多，工艺可塑性强，既可抛光出非常光滑的表面，也可以制作出肌理粗糙的表面。

12. 充气

充气材料主要以塑料为主，具有良好的可加工性，具有一定的强度、弹性，有抗拉、抗压、抗潮等性能。

13. 复合材料

复合材料是指将两种以上的材料复合在一起，相互取长补短，形成一种完整的材料，如代替纸的包装材料、易降解的复合包装材料等，如图 5-55 和图 5-56 所示。

图 5-55　复合材料 POP 广告设计（一）

（图片来源：https://www.zcool.com.cn/work/
ZMzA4ODkzOTY=.html）

图 5-56　复合材料 POP 广告设计（二）

（图片来源：https://www.zcool.com.cn/work/
ZMjg2OTQ4MjQ=.html?）

5.2 → 现代POP广告设计的表现形式

　　现代 POP 广告设计作为商品卖点广告中的一种，用简练的语言传达尽可能多的信息从而达到以少胜多的目的。在传达过程中，视觉的表现力更集中和突出，强调信息传达的精确度和力度。在运用 POP 广告设计的视觉表现时，投放的数量要恰到好处，不易过满，阻碍视觉传达，并且在内容方面，要针对主题展开，强调视觉传达的信息特征，强调空间的整体性和一致性。突出设计主题，视觉空间要为主题服务，空间信息分布和规划也按照主题具体完成。视觉形象和造型都应该具有目的性，色彩的运用也要符合主题需要，其情感的表达应该符合主题的气氛。

　　现代 POP 广告设计涵盖着诸多设计要素，集中体现在视觉表现方面时，需要注意的是空间与中心的问题，POP 广告系统的视觉传达是围绕空间展开的设计和传达。在设计中，空间既是条件也是限制，根据空间特点，一切形象都将围绕着空间秩序展开。空间的中心是空间中所有内容的核心区域，是视觉传达信息的中心，视觉系统中视觉形象的布局将它称为核心，同时还要留意空白的作用，主要是在具体空间中寻找虚和实的关系。相对于画面中实的部分来说，空白的部分从表面上看是没有形象的。在视觉环境里，视觉形象的布置和陈设是实在造型的布局，而留下来的空间则可以理解为空白的，从整体的视觉来说，设计和保留出空白可以起到视觉呼应、以无当有的作用。留有一定的空白，既可以调节人们的视觉疲劳，又能增加造型和视觉元素在空间中的节奏感。按照 POP 广告设计的制作方式，可将其分为手绘 POP 广告海报设计、电脑 POP 广告设计和媒体 POP 广告设计，如图 5-57～图 5-62 所示。

图 5-57　可口可乐海报编排（一）
（图片来源：https://huaban.com/pins/1065319847）

图 5-58　可口可乐海报编排（二）
（图片来源：https://huaban.com/pins/1585133133）

图 5-59　可口可乐海报编排（三）
（图片来源：http://big5.china.com.cn/gate/big5/art.china.cn/
sheji/2008-08/01/content_2383818_3.htm）

图 5-60　食品促销架（一）
（图片来源：商场拍摄）

图 5-61　食品促销架（二）
（图片来源：商场拍摄）

图 5-62　食品促销架（三）
（图片来源：商场拍摄）

5.2.1　手绘POP广告设计

　　手绘 POP 广告设计是以醒目的色彩搭配、灵活多变的版式布局、易认易读的字体、幽默夸张的插图来向消费者宣传和传递商品的特色。手绘 POP 广告是不借助任何机械设备，亲手使用专用 POP 广告书写工具绘制出色彩鲜艳、图文并茂地表达促销之意的 POP 广告海报。手绘 POP 海报的制作成本较低，可大大缩短制作时间，具有较强的机动性、灵活性、快捷性。手绘 POP 广告海报作品流露出的亲切感是其他印刷品所不能表达出来的，它的亲和力最能刺激消费者潜在的购买

欲望，使消费者产生冲动，为经营者带来商机。手绘 POP 广告能够配合卖场整体格调的搭配，既
有助于推销商品又能营造出卖场的热卖氛围。POP 广告具有制作成本低、形式变化活、传达速度
快、反馈信息准的主要特性，从而成为现今商业经营竞争中一种最有效、最广泛、最实用的不可
缺乏的手段和策略。手绘 POP 广告成长、成熟的阶段主要完成在 20 世纪 60 年代的日本，因此，
常见的手绘 POP 广告在表现手法上具有明显的日本卡通风格。部分可以采用印刷的空白海报或告
示结合的手绘处理手法，在连锁商业卖场使用频率比较高，既规范了形象又保留了一定的自由度，
如图 5-63 ～图 5-68 所示。

图 5-63　手绘 POP 广告（一）

（图片来源：https://www.photophoto.cn/sucai/20432240.html）

图 5-64　手绘 POP 广告（二）

（图片来源：https://www.photophoto.cn/sucai/27092277.html）

图 5-65　手绘 POP 广告（三）

（图片来源：http://www.16pic.com/vector/pic_2282620.html）

图 5-66　手绘 POP 广告（四）

（图片来源：https://www.5tu.cn/thread-56713-1-1.html）

图 5-67　手绘 POP 广告（五）
（图片来源：https://www.duitang.com/blog/?id=369596092）

图 5-68　手绘 POP 广告（六）
（图片来源：https://www.zcool.com.cn/work/
ZMjk5NzU3MzI=.html?）

目前，制作手绘 POP 广告的设计方法包括手绘、印刷与手绘结合拼图、拓印等多种方法结合使用。

1. 手绘 POP 广告海报设计常使用的工具

绘制一张精美的 POP 广告海报，可以利用以下工具来混合搭配，不限定要利用某一种特定的工具，这些都是完成一张 POP 广告手绘海报的基本工具，可以在美术用品商店或是书店中买到。

- 彩色笔：分角头及圆头两种笔头。
- 马克笔：分角头、圆头两种，又分酒精、水性、油性三种溶液。
- 粉笔、蜡笔。
- 有色铅笔、素描铅笔。
- 水彩、广告颜料、圆头或平头的水彩笔。
- 毛笔、墨汁。
- 笔刀、美工刀、割圆器、造型剪刀、剪刀。
- 双面胶、口红胶、透明胶带、纸胶带、胶水、照片胶、台湾黏胶。
- 切割板、切割钢尺（30cm、70cm、100cm 各一把）、小尺、波浪尺、软尺。
- 圆规。
- 针针笔。
- 立可白、修正带、白漆笔、金漆笔、银漆笔。
- 手提袋、纸卷筒。

2. 手绘 POP 广告海报的纸材

常用的纸材包括书面纸、海报纸、模造纸、粉彩纸、牛皮纸、瓦楞板、保利龙、珍珠板、绵纸、宣纸、皱纹纸、塑胶板。

3. 手绘 POP 广告字体

手绘 POP 广告字体的书写工具和方法很多，关键在于如何熟练地掌握马克笔，运用不同型号的马克笔可以自由轻松地书写出粗、细、曲、直不同线条的笔画,注意在字体笔画的转角处的表现需要一定的技巧和方法,如图 5-69 和图 5-70 所示。

图 5-69　手绘字体(一)

(图片来源:https://www.nipic.com/show/1146392.html)

图 5-70　手绘字体(二)

(图片来源:https://www.nicepsd.com/font/42396/)

4. 手绘 POP 广告的表现技巧

手绘 POP 广告有如以下表现技巧。

(1)采用容易激发消费者兴趣的图形、色彩、文字。

(2)注意复杂内容的层次分割,突出重点。

(3)配合宣传内容及店家的环境气氛。

5.2.2　电脑制作POP广告设计

对于立体造型的 POP 广告设计来说,可以借助电脑的技术来完成效果的设计,并且在材料和工艺方面也可以采用诸如电脑雕刻和电脑喷绘等手法来完成。电脑制作的 POP 广告色彩鲜亮、可以大批量的制作,可以根据需要将宣传对象的实体图片放在版面中增强宣传效果,方便制作大幅的宣传海报,增强宣传的流动性和立体感,如图 5-71 所示。

电脑 POP 广告设计利用 Photoshop、CorelDRAW、Illustrator 等平面设计软件可以进行数字化的图形图像处理,通过

图 5-71　电脑绘制 POP 广告字体

(图片来源:https://xsj.699pic.com/tupian/0fkawh.html)

软件可以制作出逼真的立体效果,还可以轻松地改变设计的构图、文字、色彩等,为设计师节省了大量的时间。但是,需要注意的是使用电脑创作 POP 广告仍然要以独特的创意和形式美感为前

提，强调艺术思维的再现，考虑商品的摆放空间与环境，考虑立体造型等因素，绝不是单纯的软件特技效果的组合，忽视了这一点，制作出来的 POP 广告就不是好的售点广告，只是依靠效果堆砌出来的"视觉垃圾"。

5.2.3 数字网络POP广告设计

随着新型媒体——互联网的崛起，新型的商业模式电商的崛起带来了新的 POP 广告设计形式——数字网络 POP 广告设计。现代人们的生活离不开互联网，互联网上最能够吸引人眼球的依然是具有快速阅读和传播效果的图形。包含大量商品信息同时又简单易懂的数字网络 POP 广告被人们所接受。打开网络平台，随处可见网页上固定的或是悬浮的数字媒体广告。这些数字网络 POP 广告设计可以是静态的，也可以是动态或与读者具有互动性的，如图 5-72 和图 5-73 所示。

图 5-72　数字网络 POP 设计（一）　　　　　图 5-73　数字网络 POP 设计（二）
（图片来源：https://www.zcool.com.cn/work/ZNTk2MjY4MTI=.html）　（图片来源：https://huaban.com/pins/531102023）

数字网络 POP 广告设计同电脑制作 POP 广告设计有共同之处，但是，传统的电脑制作的 POP 广告设计是静态的，多数用于印刷制品广告形式。数字网络 POP 广告设计除了跟商品的品牌信息相挂钩外，还要与节日和特殊的网络促销日期相关联，是互联网时代新型的广告形式，如图 5-74 和图 5-75 所示。

图 5-74　数字网络 POP 设计（三）　　　　　图 5-75　数字网络 POP 设计（四）
（图片来源：https://www.huiyi8.com/　　　　　（图片来源：https://huaban.com/boards/32826410）
sc/25186.html）

本章小结

本章主要介绍了现代 POP 广告设计的视觉元素——图形、文字、色彩、编排、材料等以及其三种表现形式。其中，POP 广告的视觉元素是本章的重点。本章与前几章内容相承接，可加强学生对 POP 广告的理解，使学生运用广告设计的视觉艺术语言更好地表达主题创意，增强 POP 广告对受众的吸引力以达到准确传递信息的良好效果。而手绘 POP 广告则同样也是学生应该掌握的技能，在未来工作中将起到重要的作用。

思考训练

1. 练习手绘 POP 广告文字，掌握 POP 广告字体的笔画特征。
2. 选择一个商场中真实的 POP 广告的造型，分析它的结构特征和视觉特征。

第 6 章
现代POP广告设计作品赏析

本章内容

- 包装式POP广告设计
- 展陈式POP广告设计
- 地面立式POP广告设计
- 吊挂（悬垂）式POP广告设计
- 光电式POP广告设计
- 柜台展示式POP广告设计
- 手绘POP广告设计
- 互动类POP广告设计
- 学生作品赏析

本章导航

现代POP广告设计的种类和形式日新月异，随着新型媒介和材料的诞生，全新的POP广告的设计方案和展示形式也会发生巨大的变化，本章着重按照现代POP广告设计的类别进行作品赏析。

学习目标

- 学习和掌握现代POP广告设计的视觉形态和传播媒介。
- 现代POP广告设计的表现形式比较多样，通过作品赏析加深对概念的理解。

6.1 → 包装式POP广告设计

图 6-1　啤酒包装式 POP 广告

（图片来源：http://www.bainaben.com/baozhuang/2010/10/11/
Mc_Garrah_JesseeDeShinerPiJiuXiLieSheJiZuoPin/4/）

图 6-2　工具包装式 POP 广告

（图片来源：https://www.fevte.com/tutorial-22253-1.html）

图 6-3　纪念品 POP 广告

（图片来源：《包装与设计》152 期 63 页）

图 6-4　电话 POP 广告（一）

（图片来源：《日本 POP 广告设计精粹》72 页）

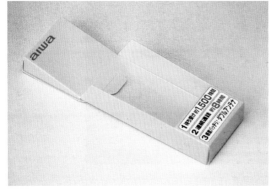

图 6-5　电话 POP 广告（二）

（图片来源：《日本 POP 广告设计精粹》72 页）

图 6-6　咖啡包装式 POP 广告

（图片来源：《包装设计艺术》179 页）

图 6-7　包装式陈列 POP 广告（一）

（图片来源：《日本 POP 广告设计精粹》135 页）

图 6-8　包装式陈列 POP 广告（二）

（图片来源：《包装设计艺术》142 页）

图 6-9　包装式陈列 POP 广告（三）

（图片来源：《包装设计艺术》164 页）

图 6-10　包装式陈列 POP 广告（四）

（图片来源：《包装设计艺术》98 页）

图 6-11　包装式陈列 POP 广告（五）

（图片来源：黄春子作品）

图 6-12　手表包装式 POP 广告

（图片来源：https://huaban.com/pins/120110136）

6.2 → 展陈式POP广告设计

图 6-13　橱窗设计（一）

（图片来源：https://m.sohu.com/a/143936775_493029）

图 6-14　橱窗设计（二）

（图片来源：https://zhuanlan.zhihu.com/p/97664427）

图 6-15　橱窗设计（三）
（图片来源：《橱窗与陈设》101 页）

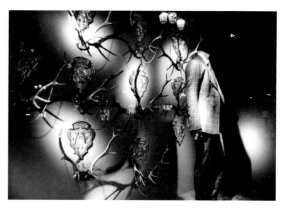

图 6-16　橱窗设计（四）
（图片来源：《橱窗与陈设》77 页）

图 6-17　橱窗设计（五）
（图片来源：《橱窗与陈设》98 页）

图 6-18　橱窗设计（六）
（图片来源：商场拍摄）

图 6-19　橱窗设计（七）
（图片来源：商场拍摄）

图 6-20　商场陈列设计（一）
（图片来源：商场拍摄）

图 6-21　商场陈列设计（二）

（图片来源：商场拍摄）

图 6-22　商场陈列设计（三）

（图片来源：《橱窗与陈设》67 页）

图 6-23　商场陈列设计（四）

（图片来源：商场拍摄）

图 6-24　商场陈列设计（五）

（图片来源：商场拍摄）

6.3 → 地面立式POP广告设计

图 6-25　地面立式 POP 广告（一）
（图片来源：商场拍摄）

图 6-26　地面立式 POP 广告（二）
（图片来源：*Point Of Purchase* 132 页）

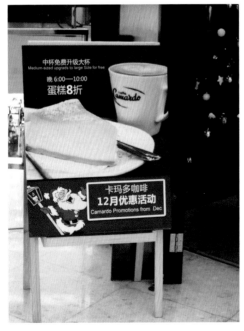

图 6-27　地面立式 POP 广告（三）
（图片来源：商场拍摄）

图 6-28　地面立式 POP 广告（四）
（图片来源：商场拍摄）

图 6-29　地面立式 POP 广告（五）
（图片来源：商场拍摄）

图 6-30　地面立式 POP 广告（六）
（图片来源：商场拍摄）

图 6-31　地面立式 POP 广告（七）
（图片来源：https://www.meipian.cn/1x56upfz）

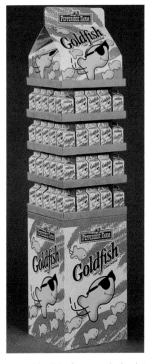

图 6-32 地面立式 POP 广告（八）
（图片来源：*Point Of Purchase* 74 页）

图 6-33 地面立式 POP 广告（九）
（图片来源：商场拍摄）

图 6-34 地面立式 POP 广告（十）
（图片来源：*Point Of Purchase* 137 页）

图 6-35 地面立式 POP 广告（十一）
（图片来源：商场拍摄）

图 6-36 地面立式 POP 广告（十二）
（图片来源：*Point Of Purchase* 117 页）

6.4 → 吊挂（悬垂）式POP广告设计

图 6-37 吊挂式 POP 广告（一）
（图片来源：《日本 POP 广告设计精粹》48 页）

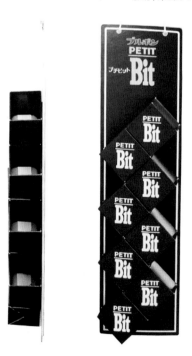

图 6-38 吊挂式 POP 广告（二）
（图片来源：《日本 POP 广告设计精粹》67 页）

图 6-39 吊挂式 POP 广告（三）
（图片来源：《日本 POP 广告设计精粹》91 页）

图 6-40　吊挂式 POP 广告（四）

（图片来源：《日本 POP 广告设计精粹》45 页）

图 6-41　吊挂式 POP 广告（五）

（图片来源：《日本 POP 广告设计精粹》46 页）

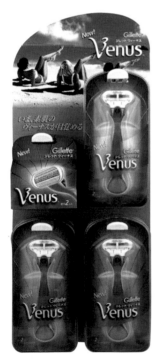

图 6-42　吊挂式 POP 广告（六）

（图片来源：*THE BEST IN POINT-OF-SALE DESIGN* 136 页）

图 6-43　吊挂式 POP 广告（七）

（图片来源：《日本 POP 广告设计精粹》49 页）

图 6-44　吊挂式 POP 广告（八）
（图片来源：商场拍摄）

图 6-45　吊挂式 POP 广告（九）
（图片来源：商场拍摄）

图 6-46　吊挂式 POP 广告（十）
（图片来源：商场拍摄）

图 6-47　吊挂式 POP 广告（十一）
（图片来源：商场拍摄）

图 6-48　吊挂式 POP 广告（十二）
（图片来源：*Point Of Purchase* 94 页）

6.5 → 光电式POP广告设计

图 6-49　光电式 POP 广告（一）

（图片来源：《日本 POP 广告设计精粹》81 页）

图 6-50　光电式 POP 广告（二）

（图片来源：《日本 POP 广告设计精粹》81 页）

图 6-51　光电式 POP 广告（三）　　　　　图 6-52　光电式 POP 广告（四）

（图片来源：《日本 POP 广告设计精粹》82 页）　　（图片来源：《日本 POP 广告设计精粹》82 页）

图 6-53　光电式 POP 广告（五）
（图片来源：商场拍摄）

图 6-54　光电式 POP 广告（六）
（图片来源：*THE BEST IN POINT-OF-SALE DESIGN* 105 页）

6.6 → 柜台展示式POP广告设计

图 6-55　柜台展示 POP 广告（一）
（图片来源：商场拍摄）

图 6-56　柜台展示 POP 广告（二）
（图片来源：*Point Of Purchase* 53 页）

图 6-57　柜台展示 POP 广告（三）
（图片来源：*Point Of Purchase* 68 页）

图 6-58　柜台展示 POP 广告（四）
（图片来源：《日本 POP 广告设计精粹》85 页）

图 6-59　柜台展示 POP 广告（五）
（图片来源：《日本 POP 广告设计精粹》107 页）

图 6-60　柜台展示 POP 广告（六）
（图片来源：*Structural Displays S3* 67 页）

图 6-61　柜台展示 POP 广告（七）
（图片来源：商场拍摄）

图 6-62　柜台展示 POP 广告（八）
（图片来源：*Structural Displays S3* 68 页）

图 6-63　柜台展示 POP 广告（九）
（图片来源：商场拍摄）

图 6-64　柜台展示 POP 广告（十）
（图片来源：*Point Of Purchase* 140 页）

图 6-65　柜台展示 POP 广告（十一）

（图片来源：*Structural Displays S3* 61 页）

图 6-66　柜台展示 POP 广告（十二）

（图片来源：*World's Best Creative P.O.P. Displays* 43 页）

图 6-67　柜台展示 POP 广告（十三）

（图片来源：*World's Best Creative P.O.P. Displays* 94 页）

图 6-68　柜台展示 POP 广告（十四）

（图片来源：*Structural Displays S3* 76 页）

图 6-69　柜台展示 POP 广告（十五）

（图片来源：*Point Of Purchase* 88 页）

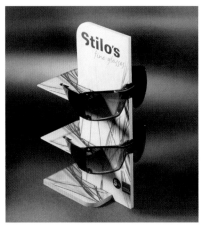

图 6-70　柜台展示 POP 广告（十六）

（图片来源：*Point Of Purchase* 68 页）

图 6-71　柜台展示 POP 广告（十七）
（图片来源：*Point Of Purchase* 69 页）

图 6-72　柜台展示 POP 广告（十八）
（图片来源：*Point Of Purchase* 71 页）

6.7 → 手绘POP广告设计

图 6-73　手绘 POP 广告设计（一）
（图片来源：李瑛作品）

图 6-74　手绘 POP 广告设计（二）
（图片来源：李瑛作品）

图 6-75　手绘 POP 广告设计（三）

（图片来源：李瑛作品）

图 6-76　手绘 POP 广告设计（四）

（图片来源：李瑛作品）

图 6-77　手绘 POP 广告设计（五）

（图片来源：李瑛作品）

图 6-78　手绘 POP 广告设计（六）

（图片来源：李瑛作品）

图 6-79　手绘 POP 广告设计（七）

（图片来源：李瑛作品）

图 6-80　手绘 POP 广告设计（八）

（图片来源：李瑛作品）

图 6-81　手绘 POP 广告设计（九）

（图片来源：李瑛作品）

图 6-82　手绘 POP 广告设计（十）

（图片来源：李瑛作品）

图 6-83　手绘 POP 广告设计（十一）

（图片来源：学生临摹作品）

图 6-84　手绘 POP 广告设计（十二）

（图片来源：https://huaban.com/pins/445621271）

6.8 → 互动类POP广告设计

图 6-85　互动 POP 广告（一）
（图片来源：《日本 POP 广告设计精粹》64 页）

图 6-86　互动 POP 广告（二）
（图片来源：《日本 POP 广告设计精粹》64 页）

图 6-87　交互 POP 广告（一）
（图片来源：《日本 POP 广告设计精粹》66 页）

图 6-88　交互 POP 广告（二）
（图片来源：《日本 POP 广告设计精粹》67 页）

图 6-89　动态 POP 广告（一）
（图片来源：《日本 POP 广告设计精粹》69 页）

图 6-90　动态 POP 广告（二）
（图片来源：《日本 POP 广告设计精粹》71 页）

图 6-91　动态 POP 广告（三）

（图片来源：《日本 POP 广告设计精粹》72 页）

图 6-92　动态 POP 广告（四）

（图片来源：《日本 POP 广告设计精粹》73 页）

图 6-93　动态 POP 广告（五）

（图片来源：《日本 POP 广告设计精粹》75 页）

图 6-94　动态 POP 广告（六）

（图片来源：https://huaban.com/pins/1032860066）

6.9 → 学生作品赏析

6.9.1 学生作业示范1

图 6-95　学生作品（一）
（图片来源：崔玉红作品）

图 6-96　学生作品（二）
（图片来源：崔玉红作品）

图 6-97　学生作品（三）
（图片来源：崔玉红作品）

图 6-98　学生作品（四）
（图片来源：崔玉红作品）

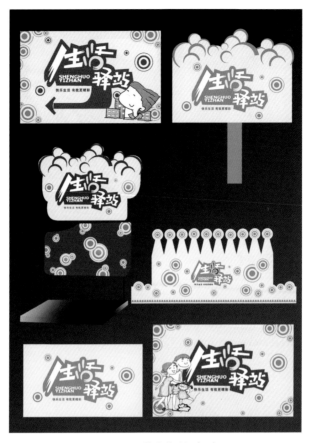

图 6-99　学生作品（五）

（图片来源：崔玉红作品）

6.9.2　学生作业示范2

图 6-100　学生作品（六）

（图片来源：崔晓晨作品）

图 6-101　学生作品（七）

（图片来源：崔晓晨作品）

图 6-102　学生作品（八）

（图片来源：崔晓晨作品）

图 6-103　学生作品（九）

（图片来源：崔晓晨作品）

图 6-104　学生作品（十）
（图片来源：崔晓晨作品）

图 6-105　学生作品（十一）
（图片来源：崔晓晨作品）

图 6-106　学生作品（十二）
（图片来源：崔晓晨作品）

图 6-107　学生作品（十三）
（图片来源：崔晓晨作品）

6.9.3 学生作业示范3

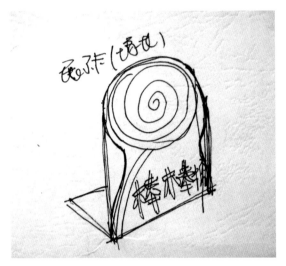

图 6-108　学生作品（十四）
（图片来源：杨巍作品）

图 6-109　学生作品（十五）
（图片来源：杨巍作品）

图 6-110　学生作品（十六）
（图片来源：杨巍作品）

图 6-111　学生作品（十七）
（图片来源：杨巍作品）

6.9.4　学生作业示范4

图 6-112　学生作品（十八）
（图片来源：高圆圆作品）

图 6-113　学生作品（十九）
（图片来源：高圆圆作品）

本章小结

　　本章与前几章内容紧密承接，按照 POP 广告设计的类别进行分类展示，可以从形态上更加直观地加强学生对 POP 广告展示形式的理解。作品赏析中还加入了学生作品创作过程的展示，从草图到实物展示的过程——呈现。

思考训练

　　1. 练习多种材料 POP 广告设计，进行主题 POP 广告设计。

　　2. 选择一个商场中真实的 POP 广告的造型，分析它的结构特征和材质以及展示形式。

参 考 文 献

[1] NEW YORK. POINT OF PURCHASE 6[M]. USA: POPAI, 1998.

[2] 日本 AG 公司. 日本 POP 广告设计精粹（下）[M]. 北京：中国轻工业出版社，2002.

[3] 日本 AG 公司. 日本 POP 广告设计精粹（上）[M]. 北京：中国轻工业出版社，2002.

[4] 陈青. P.O.P. 设计[M]. 北京：清华大学出版社，2006.

[5] 汪涛. POP 广告设计[M]. 湖北：湖北美术出版社，2002.

[6] 董景寰，卢国英，等. POP 广告设计[M]. 上海：上海人民美术出版社，2006.

[7] 方卫，任赛赛. POP 广告设计[M]. 武汉：华中科技大学出版社，2006.

[8] 郭小强. 售点的艺术[M]. 北京：机械工业出版社，2008.

[9]（美）STAFFORD CLIFF. THE BEST IN POINT-OF SALE DESIGN[M]. 美国：ROTOVISIONSA，1993.

[10]（日）六耀社（Eikuyosha 公司）. 橱窗与陈设——日本空间设计大奖系列[M]. 福州：福建科技出版社，2004.

[11] JOSEP M. GARROFE. STRUCTURAL DISLAYS1[M]. USA, 2006.

[12] JOSEP M. GARROFE. STRUCTURAL DISLAYS2[M]. USA, 2006.

[13] JOSEP M. GARROFE. STRUCTURAL DISLAYS3[M]. USA, 2006.